CHIARA MATTAROZZI

OLTRE LE FAZIONI

L'ALTRA FACCIA DI GUELFI E GHIBELLINI

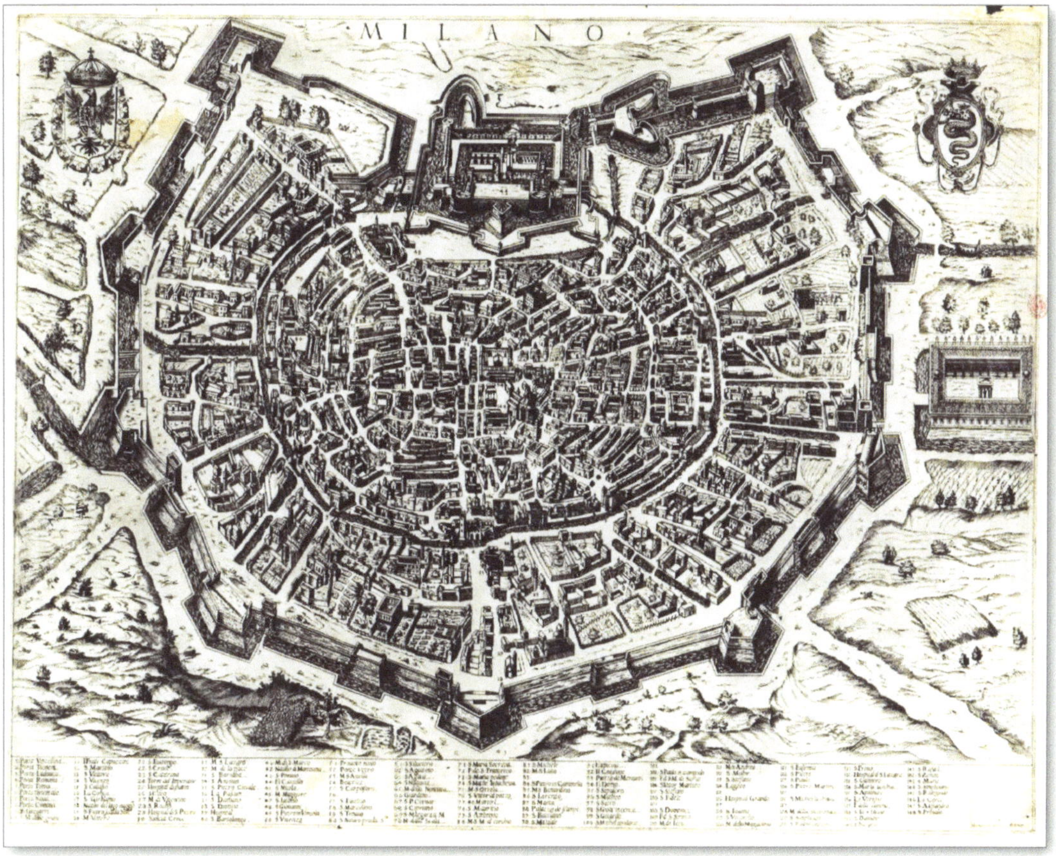

SPS-036

SOLDIERSHOP
PUBLISHING

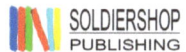

AUTORE:

 **Chiara Mattarozzi** vive in provincia di Milano e nel 2016 ha conseguito la laurea magistrale in Scienze storiche presso l'Università degli Studi di Milano. Curiosa e affascinata soprattutto dalle dinamiche sociali e istituzionali, si interessa di argomenti diversi, ma mantenendo una predilezione per il tardo Medioevo lombardo. Questo lavoro è la sua prima pubblicazione per Soldiershop.

NOTE AI LETTORI - PUBLISHING NOTE

Tutto il contenuto dei nostri libri, in qualsiasi forma prodotti (cartacei, elettronici o altro) è copyright Soldiershop. com. I diritti di traduzione, riproduzione, memorizzazione con qualsiasi mezzo, digitale, fotografico, fotocopie ecc. sono riservati per tutti i Paesi. Nessuna delle immagini presenti nei nostri libri può essere riprodotta senza il permesso scritto di Soldiershop.com. L'Editore rimane a disposizione degli eventuali aventi diritto per tutte le fonti iconografiche dubbie o non identificate. I marchi Soldiershop Publishing ©, e i nomi delle nostre collane - Soldiers&Weapons, Battlefield e War in Colour sono di proprietà di Soldiershop.com; di conseguenza qualsiasi uso esterno non è consentito.

None of images or text of our book may be reproduced in any format without the expressed written permission of Soldiershop.com. The publisher remains to disposition of the possible having right for all the doubtful sources images or not identifies. Our trademark: Soldiershop Publishing ©, The names of our series: Soldiers&Weapons, Battlefield, War in colour, PaperSoldiers, Soldiershop e-book etc. are herein © by Soldiershop.com.

A Eliana C., che mi ha incoraggiato in tempi non sospetti

ISBN: 9788893271493   1st edition December 2016   Ebook edition ISBN 9788893271592

Title: - **OLTRE A FAZIONI - l'altra faccia di guelfi e ghibellini (SPS-036)** di Chiara Mattarozzi. Editor: Soldiershop publishing - Cover & Art Design: Luca S. Cristini. Montaggio: Matteo Radaelli

Cover: Immagine tratta dal ciclo di affreschi della rocca di Angera (VA)

INTRODUZIONE

L'aspetto più affascinante e al tempo stesso più problematico della storia è la sua intima connessione con la vita quotidiana. Il linguaggio stesso della disciplina, pur nella sua specificità di significato, non presenta una terminologia sconosciuta ai "non addetti ai lavori" (siamo poi sicuri che esistano persone che possono rientrare in questa categoria?), bensì un vocabolario che viene utilizzato anche nella quotidianità. Nessuno si può sentire totalmente escluso dal dibattito storico; al tempo stesso, però, la specificità di alcuni termini si perde nel confronto con l'opinione pubblica, che ne ridisegna il significato. Quanti concetti risentono dell'influenza che su di loro mantiene la mentalità comune! Quanto è difficile, talvolta anche tra studenti, liberarsi degli stereotipi per indagare la realtà dei fatti!

Il medioevo è forse uno dei periodi storici che più risente di questa "vicinanza – ignoranza". È indubbio come in tempi recenti si stia assistendo, specialmente in rete, ad una sorta di revival dell'età di mezzo, sia per metterne in luce gli aspetti negativi, sia per vantarne, più o meno ironicamente, alcune caratteristiche: penso in questo momento al fenomeno di "Feudalesimo e libertà" e a diverse altre iniziative che riportano l'attenzione su elementi originali dell'epoca (quali, ad esempio, la vicenda di Dante), rapportandoli però alla situazione contemporanea. Suggestioni e parallelismi rendono indubbiamente più attuale e accattivante al pubblico un periodo storico spesso bistrattato, ma al tempo stesso contribuiscono alla ulteriore diffusione e al radicamento di stereotipi nell'opinione comune.

L'argomento trattato in questo lavoro, fazioni e parti, risente in modo particolare di questi processi e delle convinzioni in materia tramandate nel tempo. Guelfi e ghibellini costituiscono una coppia ormai classica di antagonisti, utilizzata spesso per ribadire il concetto di opposizione netta tra due schieramenti; il ricorso a questi termini non è specificamente legato ad un ambito, ma spazia in vari campi, arrivando al cinema e allo sport[1]. Contributo al radicamento di questa visione è stato sicuramente dato anche da Dante, forse ad oggi l'autore "italiano" più presente nei percorsi scolastici.

Le fazioni godono di una fama particolarmente negativa, da cui non si sono totalmente emancipate nemmeno in ambito universitario: uno dei commenti più ricorrenti di fronte alla risposta, quando interrogata sull'argomento del mio scritto, "le fazioni", è stato, anche da parte di compagni di corso, "ah, che bello, gente che si ammazza!". L'associazione parzialità – disordine è ancora molto forte nell'opinione comune, così come la forte contrapposizione tra le città, sedi di potere, e i loro contadi, la cui importanza è considerata limitata alla produzione di beni e risorse per il centro urbano di riferimento.

L'aspetto che più mi ha affascinato durante la stesura di questo lavoro è stato proprio il verificare come molti luoghi comuni non avessero effettivo fondamento e come la realtà fosse ben diversa da quella spesso immaginata: una realtà dinamica, in continua evoluzione. Altro elemento interessante è la scoperta non tanto di una pluralità di enti e di personaggi presenti sul territorio, quanto la loro effettiva forza e importanza nello sviluppo istituzionale: le aristocrazie locali ebbero una funzione spesso determinante nel dirigere le azioni politiche dei principi milanesi, i quali dovettero tenere conto sempre di questi soggetti, sia che ne cercassero l'appoggio, sia che li volessero osteggiare.

Obiettivo del lavoro è stato innanzitutto quello di fare il punto sulla situazione degli studi sul tema, iniziati nei primi anni Duemila e diffusisi negli ultimi anni: riferimento specifico si è fatto all'opera di Marco Gentile, particolarmente attivo sia nella ricerca sul campo, sia nel provare a fornire linee guida sull'argomento.

Il tentativo di "fare ordine" si è poi esteso alle vicende specifiche delle singole realtà cittadine inserite nella compagine statale governata dai Visconti: un viaggio all'interno di quasi due secoli di storia, che videro alternarsi signori diversi e differenti concezioni del potere, anche in contrasto fra loro. Si è potuto così notare come le politiche principesche nei confronti delle parti fossero soggette a continui mutamenti nel corso degli anni, nonché a seconda delle realtà con cui ci si trovava a confrontarsi: uno degli aspetti più interessanti che emergono dall'analisi, a mio avviso, è proprio la mancanza di omogeneità tra una città e l'altra, la difficoltà nel ricavare un paradigma di sviluppo comune tra i centri urbani presi in considerazione.

Un'estrema concretezza nell'agire, dunque, sia da parte dei diversi soggetti locali, sia dei principi: le linee

---

[1] Numerosi sono gli esempi in ambito sportivo, soprattutto calcistico: si veda, in particolare, M. GENTILE, *Guelfi, ghibellini, Rinascimento. Nota introduttiva*, in *Guelfi e ghibellini nell'Italia del Rinascimento*, a cura di M. Gentile, Roma, Viella, 2005, pp. VII –XXI.

politiche generali che ci si prefissava di seguire subivano inevitabili cambiamenti al momento del confronto con la situazione reale che ci si trovava a dover affrontare.

Le fazioni sono apparse come elementi pressoché imprescindibili nel quadro politico e istituzionale del XIV e XV secolo: soggetti con un proprio peso specifico, una notevole capacità di azione e un buon livello di organizzazione, assunsero un ruolo importante all'interno del dominio visconteo, sia come interlocutrici del potere centrale, sia come effettive coordinatrici della vita politica cittadina.

L'atteggiamento tenuto nei loro confronti dall'autorità milanese non fu sempre lo stesso: assistiamo infatti all'alternanza di tolleranza, lotta, scontro e legittimazione in parallelo al passaggio da un principe all'altro.

In questo lavoro, attenzione specifica si è voluta dare ai tentativi da parte del potere centrale di andare "oltre le fazioni": Bernabò Visconti, Filippo Maria Visconti e Ludovico Maria Sforza sono i tre principi che, a distanza di circa un cinquantennio l'uno dall'altro, intrapresero progetti concreti per sradicare le parti e dare un nuovo volto all'organizzazione dello Stato. Come si vedrà, essi pervennero a proposte diverse tra loro, a causa delle differenti inclinazioni dei tre signori e del contesto in cui si trovarono ad operare, soggetto a rapidi mutamenti.

Come accennavo, obiettivo primo di questo lavoro è stato quello di fare ordine negli studi disponibili fino ad ora e di presentare in un'ottica più sistematica il quadro delle diverse realtà presenti nello Stato visconteo – sforzesco. Per quanto riguarda l'analisi delle politiche signorili (ed in particolare quelle volte al superamento delle parzialità), i risultati cui si è pervenuti non pretendono certo di essere definitivi, ma vogliono piuttosto contribuire all'apertura di nuovi spazi di indagine e sollecitare altri interrogativi, da cui partire per futuri studi.

▲ Scena di scontro medievale fra opposte fazioni.

▲ Lo stemma visconteo col biscione raffigurato nell'atto di divorare un moro fu per lungo tempo uno dei simboli del Ducato di Milano. Da un affresco presente nel castello sforzesco.

INDICE:

Introduzione	Pag. 3
Lo stato Visconteo-Sforzesco.............................	Pag. 7
Le fazioni	Pag. 17
Oltre le fazioni	Pag. 51
Conclusioni	Pag. 77
Appendice	Pag. 81
Bibliografia	Pag. 88

DALLA CENTRALITÀ URBANA AL PLURALISMO DEGLI ATTORI NELLO STATO VISCONTEO – SFORZESCO

La città ha sempre esercitato un certo fascino sugli studi sull'età tardo-medievale, specialmente per quanto riguarda l'Italia centrosettentrionale. Motivo principale di questa scelta è facilmente identificabile nel caratteristico sviluppo che i centri urbani italiani si sono ritrovati a vivere, soprattutto in confronto ai coevi "fratelli" europei, a partire dal XII secolo. Il Comune, così come ha avuto modo di esprimersi nel centro – Nord della Penisola, ha dato vita a proprie istituzioni e proprie leggi, ha goduto di una propria particolare forma di autonomia ed ha espresso una sua volontà e forza di espansione nel territorio circostante. La peculiarità di questo istituto, spesso definito una "città – Stato" (forse enfatizzandone eccessivamente l'indipendenza), ha suscitato, come comprensibile, l'interesse di molti storici, anche stranieri, che ha portato alla formazione di un'ampia mole di studi sul tema.

Forte influenza su questa tradizionale interpretazione della struttura istituzionale e territoriale italiana ha, inoltre, certamente esercitato il contributo di Carlo Cattaneo. Il politico risorgimentale, nella sua opera *La città considerata come principio ideale delle istorie italiane* (1858), indicò chiaramente il centro urbano come vero motore e fondamento della storia d'Italia. La sua trattazione ripercorse l'evoluzione del municipio dalle sue origini d'epoca romana all'avvento dello Stato italiano, mettendone in luce la continuità e la stabilità. Alcuni punti del discorso di Cattaneo sono particolarmente significativi per quanto riguarda la situazione dello Stato visconteo – sforzesco (e, dunque, l'area lombarda in senso ampio): 1) la città forma un'unità indissolubile con il territorio circostante[1]; 2) questa intima connessione fa sì che anche la sua aristocrazia non sia mai completamente cittadina o territoriale[2]; 3) il municipio permane, nel corso del divenire storico, come entità fondante della storia italiana[3], a tal punto da non cedere neanche sotto la pressione delle divisioni guelfi - ghibellini[4]; 4) anche all'interno dello Stato visconteo, la città non sparisce: riprova di questa osservazione è il fatto che nei momenti di disgregazione statale, distacchi e ricomposizioni avvengono "per città"[5]. Queste idee, pur non essendo frutto di un'analisi approfondita e pur avendo come scopo principale la giustificazione di un progetto politico[6], ebbero una grande eco ed influenzarono il dibattito storiografico fino a tempi recentissimi[7]. Non ci si deve pertanto meravigliare delle difficoltà e delle resistenze (anche non esplicitamente dichiarate) mosse nel tempo a un'eventuale modificazione di questo paradigma di sviluppo.

Esempio della popolarità del tema urbano negli studi italiani è il successo editoriale delle *Storie* di città, iniziato tra gli anni Cinquanta e Sessanta del Novecento con la pubblicazione della *Storia di Milano* ad opera della Fondazione Treccani degli Alfieri, uscita in 16 volumi tra 1953 e 1962. L'analisi del periodo visconteo, dai suoi albori all'avvento di Francesco Sforza (1450), fu curata, nella sua parte evenemenziale e istituzionale, da Francesco Cognasso, che si fece interprete degli orientamenti storiografici del suo tempo.

Nella sezione dedicata alle istituzioni, in modo particolare, il dominio dei Signori di Milano fu presentato come un agglomerato di città, ciascuna con una forte coscienza municipale e un'intensa aspirazione all'autonomia, che si venne apertamente a manifestare nei momenti di crisi del potere centrale[8]. La sottomissione dei vari centri urbani al potere della famiglia milanese avvenne tramite singoli patti di dedizione, pertanto la fisionomia statale risentì, almeno agli inizi della dominazione, di questa impostazione giuridica; ma, secondo lo storico piemontese, ancora ai tempi del terzo Duca di Milano la situazione non accennava a migliorare: si era ancora ben lontani dal creare un dominio coeso e la capitale non percepiva se stessa come centro di uno stato unitario, al punto che «che Filippo Maria perdesse Brescia e Vercelli e Bergamo e Cremona, non si sentì

---

1 C. Cattaneo, *La città considerata come principio ideale delle istorie italiane*, a cura di G. A. Belloni, Firenze, Vallecchi, 1931, pp. 53, 128.
2 Ivi, pp. 128-129.
3 Ivi, p. 54.
4 Ivi, pp. 123-124.
5 Ivi, p. 129.
6 Cfr. A. Gamberini, *Oltre le città: assetti territoriali e culture aristocratiche nella Lombardia del tardo Medioevo*, Roma, Viella, 2009, pp. 9-11, 30-31.
7 Il tema della centralità urbana fa capolino ancora in studi molto recenti. Particolarmente significativa è poi un'opera come M. Ascheri, *La città – stato*, Bologna, Il Mulino, 2006, dove la città viene ancora vista come fondamento compatto della vita politica del Nord Italia.
8 Esempio più lampante ne è la disgregazione del dominio alla morte del primo Duca, Gian Galeazzo Visconti (1402).

mai a Milano il dolore di perdere qualche cosa che fosse strettamente avvinto alla vita ambrosiana. In Milano nonostante tutto prevalsero sempre le concezioni municipaliste»[9]. Uno Stato di città dunque, dove la capitale assumeva un ruolo di particolare spicco.

Ma è altresì riconosciuta l'esistenza di "legami feudali", una rete di rapporti forti tra parentele cittadine e rustiche che «rende difficili i passi della signoria»[10]. Cognasso riporta alcuni provvedimenti legislativi emanati dai Visconti per fronteggiare la situazione: si parla in modo particolare di divieti a edificare castelli e di giuramenti di fedeltà verso il principe da parte di queste famiglie aristocratiche. Questi soggetti, che fuoriuscivano dallo "schema tradizionale" e che spesso avevano solide basi (o perlomeno un forte appoggio) nel contado, venivano semplicemente citati, senza dar loro particolare importanza: forse, era data per scontata la loro sottomissione al potere centrale e il loro conseguente inglobamento in un quadro organico e ordinato, dal volto principalmente urbano.

Negli anni Settanta, i giovani ricercatori si dedicarono a nuovi campi di studio, dalla storia sociale a quella agraria. In area lombarda, nell'ambito dei lavori dedicati al Ducato visconteo – sforzesco, particolarmente interessanti sono gli scritti di Giorgio Chittolini, che si interessò alle istituzioni e alle dinamiche sociali dei contadi. Una serie di saggi, apparsi tra 1970 e 1978, si occupò di situazioni non perfettamente inquadrabili nel paradigma tradizionale, mostrando così l'esistenza di ampie zone che sfuggivano alla giurisdizione della città e che godevano di una propria "autonomia"[11].

Obiettivo principale dell'autore fu quello di rivedere e ridimensionare la consolidata immagine del Comune come momento di massimo splendore della vita politica italiana e come apice mai più raggiunto di libertà e democrazia, nonché quello di rimettere in discussione la visione di un contado coeso e perfettamente disciplinato all'interno dell'ordinamento cittadino[12]. Chittolini mise in evidenza le difficoltà che le istituzioni comunali si trovarono a dover affrontare, in modo particolare dopo la metà del Duecento, nella gestione delle agitazioni in seno alla popolazione, dalle rivalità tra le grandi famiglie aristocratiche alle rivendicazioni di maggior spazio di partecipazione da parte dei ceti emergenti, senza dimenticare le richieste provenienti dalle campagne (ben lontane dall'essere state docilmente sottomesse al centro urbano): problemi che la città non riuscì a risolvere *in toto*, determinando così la "necessità" di una risposta diversa a livello istituzionale, risposta che si concretizzò nel passaggio alla signoria e poi allo Stato regionale. Queste nuove formazioni politiche quindi, lungi dall'essere interpretate come una tirannica imposizione da parte del *dominus*, si rivelarono, secondo Chittolini, una naturale (e forse inevitabile) scelta per far fronte all'inadeguatezza del Comune davanti alla situazione esistente.

Gli attori principali portati sulla scena da questi lavori furono i signori rurali, visti nella quotidianità del loro concreto operare, non più come semplici comparse, bensì come soggetti con un proprio peso e una propria capacità d'azione. Particolarmente interessante è il contributo sul tema delle infeudazioni[13], fenomeno piuttosto rilevante specialmente nel Quattrocento. L'apparente contraddittorietà della creazione di aree che godevano di ampi spazi di autonomia in un periodo in cui lo Stato visconteo cercava di darsi un impianto più coerente e accentrato venne spiegata dall'autore attraverso un esame più approfondito della reale situazione dei territori interessati dal fenomeno: la scelta fatta dai Visconti (e poi dagli Sforza nella stessa ottica) fu in molti casi dettata dalla presa di coscienza di un'impossibilità pratica di eliminare in via definitiva il particolarismo, profondamente radicato in alcune zone. Non erano soltanto i rami collaterali della famiglia viscontea e le signorie ecclesiastiche ad opporre resistenza ad una sottomissione forzata, ma anche diversi *domini* rurali, talvolta abbastanza forti da poter contrattare le condizioni dell'appoggio dato alla Signoria milanese.

Queste aperture non portarono però automaticamente all'abbandono dell'impostazione classica, in cui era la

---

[9] F. Cognasso, *Istituzioni comunali e signorili di Milano sotto i Visconti*, in *Storia di Milano*, vol. VI – *Il ducato visconteo e la repubblica ambrosiana 1392-1450*, Milano, G. Treccani degli Alfieri, 1955, pp. 449-554; citazione p. 478.

[10] Sulla lotta al feudalesimo, si veda Cognasso, *Istituzioni comunali e signorili*, cit., pp. 484-487; citazione p. 484.

[11] Mi riferisco in modo particolare a *Il luogo di Mercato, il comune di Parma e i marchesi Pallavicini di Pellegrino*, comparso inizialmente in «Nuova Rivista Storica», 57, 1973, pp. 1-52 e *La «signoria» degli Anguissola su Riva, Grazzano e Montesanto fra Tre e Quattrocento*, sempre in «Nuova Rivista Storica», 58, 1974, pp. 269-317, ora entrambi in G. Chittolini, *La formazione dello Stato regionale e le istituzioni del contado. Secoli XIV e XV*, Milano, Unicopli, 2005 (pp. 95-148 e pp. 149-198).

[12] Sul tema, si veda *La crisi delle libertà comunali e le origini dello Stato territoriale* (1970), in Chittolini, *La formazione dello Stato regionale*, cit., pp. 27-50.

[13] *Infeudazioni e politica feudale nel ducato visconteo-sforzesco* (1972), in Chittolini, *La formazione dello Stato regionale*, cit., pp. 51-94.

città a godere di una posizione dominante.

Anzi, lo stesso Chittolini, quando si trovò a pubblicare i sopracitati lavori in un volume unico[14], ridimensionò la possibile portata innovativa delle sue ricerche, sottolineando la persistente centralità e condizione di privilegio del mondo urbano all'interno dello Stato milanese. Nell'*Introduzione* alla raccolta, egli certo ribadì l'esistenza di forti nuclei di particolarismo all'interno del ducato, delineando l'immagine di un principato che appare, a metà Quattrocento, «come somma di tante particolari libertà, riconosciute a borghi, vallate, soprattutto signorie rurali»[15]; di nuovo evidenziò la ricomparsa di istituti signorili e feudali in Lombardia,

---

14 Si tratta del già citato *La formazione dello Stato regionale e le istituzioni del contado*, pubblicato inizialmente per Einaudi nel 1979. Nello stesso anno, per la stessa casa editrice, uscì la sintesi di Giovanni Tabacco *Egemonie sociali e strutture del potere nel Medioevo italiano*: l'autore, in modo particolare nel paragrafo dedicato alla formazione degli Stati regionali, rende conto delle recenti scoperte riguardanti le «lacune della dominazione viscontea» (comunità di borgo, signorie rurali ...), ma queste rivestono comunque uno spazio marginale all'interno della trattazione.

15 CHITTOLINI, *La formazione dello Stato regionale*, cit., p. 5.

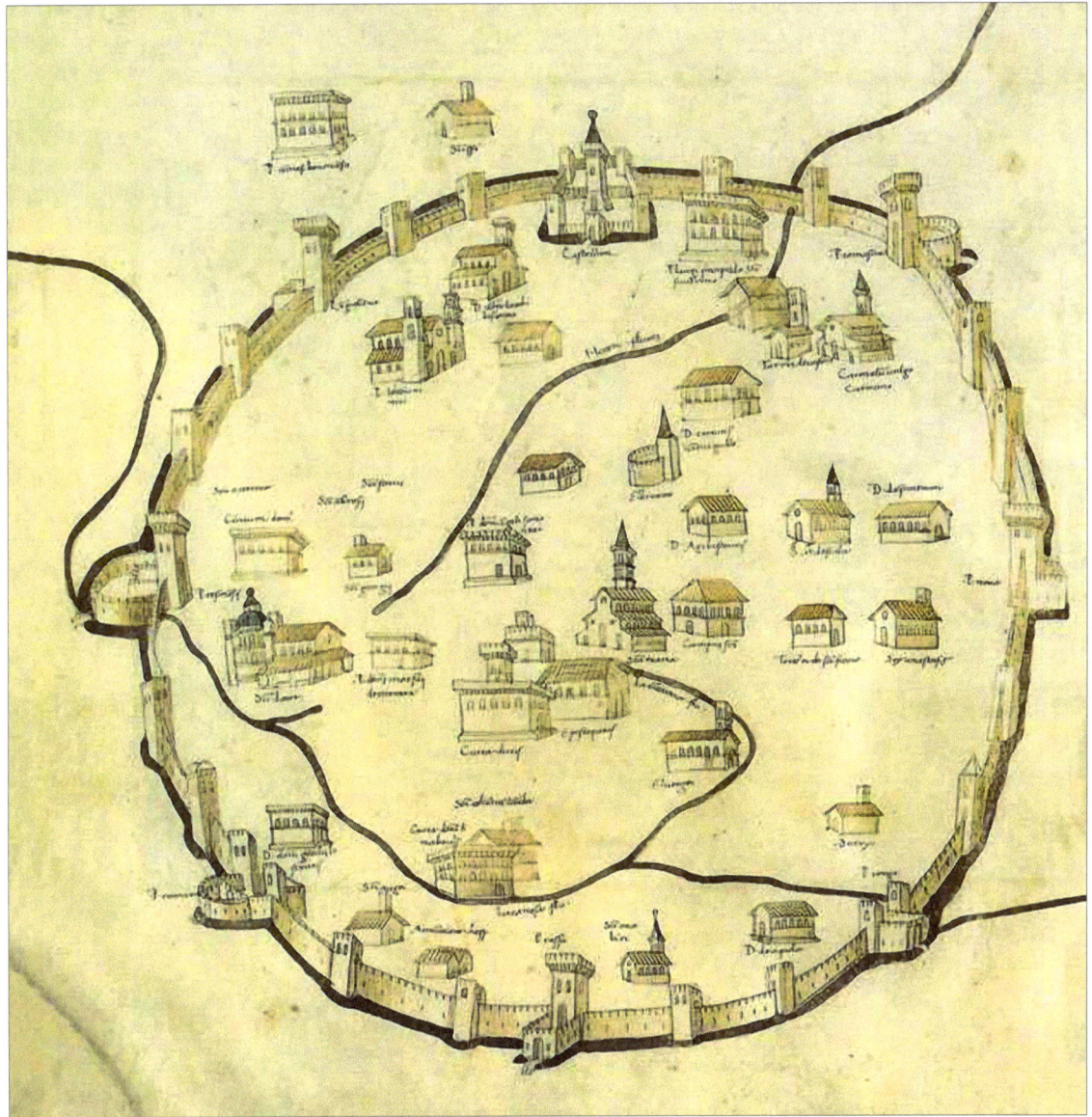

▲ La città di Milano in epoca medievale in un disegno di Pietro dal Massajo risalente al 1472, attualmente conservato presso la Biblioteca Vaticana

specificando però come non si trattasse una vera e propria "rifeudalizzazione", determinante la trasformazione dei proprietari fondiari in una nuova nobiltà feudale; ma, pur sottolineando la creazione di aree immuni destinate a resistere nel tempo (come, ad esempio, le comunità montane) e l'obiettivo del principe di operare un controllo più diretto su tutto il territorio (che comportò spesso una profonda erosione dei vecchi contadi cittadini), Chittolini sostenne «che la città [...] è stata capace, nel complesso, di mantenere le posizioni chiave, e di essere uscita dal tempestoso frangente senza danni irreparabili»[16]. Una ripresa cittadina in campo giurisdizionale, fiscale e annonario; il riconoscimento dei diritti e della condizione di privilegio dei *cives* rispetto ai comitatini: insomma, «una netta preminenza della città nei nuovi ordinamenti statali, e, in particolare, una riconfermata supremazia sul contado, sia pure in forme diverse da quelle dell'età comunale. Di tutti i corpi particolari che vengono a comporre il quadro variegato delle istituzioni locali nello Stato regionale, la città è di gran lunga il principale, il vero grande interlocutore del potere centrale»[17].

Lo stesso taglio interpretativo venne riproposto dall'autore nei suoi lavori successivi, tra cui particolarmente interessante è la raccolta *Città, comunità e feudi negli stati dell'Italia centro-settentrionale (secoli XIV-XVI)*, pubblicata nel 1996, in cui il campo d'indagine venne esteso a comunità alpine, "terre separate" e "quasi città". L'apertura alle istituzioni del contado e la messa in luce di aree di autonomia all'interno dello Stato non vennero meno, ma al tempo stesso fu ancora ribadita la tenuta di un impianto statale principalmente urbanocentrico, come è chiaro già dalla premessa all'opera: «in Lombardia le nuove autonomie, se intaccarono o ridussero l'area di più diretto dominio urbano, non provocarono se non smagliature circoscritte o riguardarono aree marginali: mentre su un vasto spazio economico rurale, e su un vasto segmento della società contadina, la città mantenne quella larga preminenza, quella forte capacità di mediazione che contribuiva a farne il principale interlocutore del principe o della città dominante»[18].

Alla fine degli anni Novanta ci si trovava quindi in una sorta di impasse: da una parte, gli studi sulle tante realtà che componevano lo Stato visconteo proseguivano e mettevano in luce situazioni nuove e particolari che meritavano di essere approfondite; dall'altra, l'impostazione tradizionale, che vedeva la città come fondamento della vita italiana, era ancora forte e tendeva a ridimensionare e marginalizzare le nuove scoperte. Il particolarismo era riconosciuto, ma in qualche modo riusciva ad essere ricondotto ad un quadro ordinato.

Nel 1998 venne pubblicato il sesto volume della *Storia d'Italia* diretta da Giuseppe Galasso, dedicato a comuni e signorie lombarde. Nel contributo curato da Francesco Somaini[19], si assisté ad un tentativo di compromesso tra novità e tradizione, raggiunto mediante una suddivisione in tre fasi del rapporto tra principe e dominio.

Secondo l'autore, in un primo momento la struttura istituzionale consisté in una pressoché totale diarchia: «da una parte c'era il signore; ma dall'altra, in primo luogo, si ponevano le città»[20]. Questo non significava una completa assenza di altre figure, quanto piuttosto una loro "irrilevanza" dal punto di vista organizzativo: erano le città il vero referente del signore, in quanto il contado era a quelle totalmente assoggettato (o direttamente o perché controllato da personaggi comunque legati al mondo cittadino). Ma tra gli anni Trenta e Cinquanta del Trecento, finita la fase di assestamento del potere, i Visconti puntarono a rompere l'egemonia del mondo urbano, valorizzando e incentivando la frammentazione attraverso tre strumenti specifici: monopolio dell'esercizio della violenza, interventi statutari ed erosione dei contadi cittadini. Trovarono così spazio forme di autonomia più o meno estese, sotto forma di signorie rurali, comunità montane o di borgo e giurisdizioni separate, al punto che, secondo Somaini, «il dominio visconteo si era dunque trasformato intorno al 1350 in un aggregato a carattere pluralistico, con un potere centrale dalla spiccata vocazione al rafforzamento»[21].

La notevole espansione milanese negli anni seguenti mise però i principi di fronte a un'emergenza finanziaria, che li costrinse ad imporre una maggior pressione fiscale alle città; ma «la contropartita delle riforme

---

16 Ivi, p. 14.
17 Ivi, p. 22.
18 G. CHITTOLINI, *Città, comunità e feudi negli stati dell'Italia centro-settentrionale. Secoli XIV-XVI*, Milano, Unicopli, 1996, pp. XX-XXI.
19 F. SOMAINI, *Processi costitutivi, dinamiche politiche e strutture istituzionali dello Stato visconteo-sforzesco*, in *Storia d'Italia*, vol. VI - *Comuni e signorie nell'Italia settentrionale: la Lombardia*, a cura di G. Galasso, Torino, UTET, 1998, pp. 681-786.
20 SOMAINI, *Processi costitutivi*, cit., p. 747.
21 Ivi, p. 752.

fiscali fu il riconoscimento alle città stesse di una rinnovata egemonia sul grosso dei rispettivi contadi»²². I cambiamenti occorsi all'interno dello Stato portarono quindi di nuovo ad un rapporto privilegiato tra Signore e centri urbani, ma di tipo diverso, perché costruito su una base differente, ovvero sul coinvolgimento dei ceti dirigenti cittadini (nella misura in cui questi erano disposti a collaborare).

Nonostante la preminenza data ancora all'asse Stato – città, Somaini mise in evidenza il ruolo dell'aristocrazia, che si rivelò essere non oggetto passivo delle decisioni dei principi, bensì soggetto con una sua propria volontà, capace di collaborare con il potere centrale, ma anche di opporre resistenza e di guadagnare spazio per sé nei momenti di difficoltà dello Stato. Venne inoltre sottolineato come, nel periodo sforzesco in modo particolare, diverse furono le possibilità di ascesa sociale per i funzionari statali, che riuscirono spesso a far carriera in tempi brevi e a raggiungere posizioni di rilievo²³.

Sono manifesti dunque, anche in questo contributo, il contrasto e la ricerca di un compromesso tra attaccamento alla tradizione storiografica classica e necessità (e inevitabilità) di dar voce ai nuovi orientamenti di studio. Nuovi orientamenti che vennero ribaditi con maggior forza e chiarezza da Massimo Della Misericordia l'anno seguente, nella sua riflessione sul volume della *Storia d'Italia* sopracitato²⁴. La varietà di posizioni e di spiegazioni degli studiosi venne da questi interpretata non come un'accozzaglia di lavori a sé stanti, ma come un insieme di strade che portavano ad un medesimo scopo: «restituire la massima complessità e articolazione di un quadro sociale e politico, e la massima pluralità e varietà dei suoi protagonisti»²⁵. Protagonisti dunque, non semplici comparse: secondo l'autore, il pluralismo non poteva essere considerato una fatalità o semplicemente il frutto di ben precise strategie principesche, bensì scaturiva dalla forza di cui disponevano le classi alte della società: un'aristocrazia, come già lasciava intravedere Somaini, in grado di opporre resistenza e pronta a cogliere opportunità per guadagnare spazio e prestigio. Con queste osservazioni, non si voleva sostenere che i ceti dirigenti costituissero un gruppo compatto e omogeneo, in grado di poter imporre una propria volontà unitaria²⁶, ma evidenziarne l'importanza e la conseguente necessità di studiarli in modo più approfondito, di mettere in luce le interruzioni e le difficoltà nel processo di costruzione statale²⁷.

Un ampliamento degli orizzonti di indagine sulle figure (e famiglie) di spicco della società era la richiesta che si imponeva agli studiosi all'alba del nuovo millennio. Gli spunti da cui partire erano diversi: un'analisi più dettagliata degli avvenimenti occorsi nel ducato nei momenti di crisi, primo fra tutti il post 1402, periodo di sconvolgimento totale e di disgregazione dello Stato²⁸; l'approfondimento dei legami tra aristocrazie e potenze straniere²⁹; lo studio della composizione sociale dei ceti dirigenti delle città del dominio e delle possibilità che, all'interno della nuova formazione statale, si presentavano alle élite provinciali e ai patriziati borghigiani³⁰; l'esame della legittimazione reciproca tra principe e istituzioni locali; la ricostruzione del percorso di singole famiglie nel rapporto con il Signore e, dall'altra parte, quella della composizione delle strutture amministrative e degli uffici statali (indagine sugli uomini che ne facevano parte e sul loro contesto di provenienza)³¹.

---

22 Ivi, p. 755.
23 Esempio portato da Somaini è quello della famiglia Arcimboldi, e in particolare Giovanni, da lui studiato. Somaini, *Processi costitutivi*, cit., pp. 773-775.
24 M. Della Misericordia, *La Lombardia composita. Pluralismo politico-istituzionale e gruppi sociali nei secoli X-XVI (a proposito di una pubblicazione recente)*, «Archivio Storico Lombardo», serie XII, vol. V, 1998-99, pp. 601-647.
25 Ivi, p. 615.
26 Come ben dimostrano i fatti avvenuti dopo la morte di Filippo Maria Visconti (1447) e il fallimento del tentativo repubblicano intrapreso da una parte della classe dirigente milanese. Somaini, *Processi costitutivi*, cit., pp. 702-703.
27 Invece che riportare l'immagine di uno Stato che procede nel suo sviluppo in maniera lineare secondo un progetto coerente e chiaro portato avanti con costanza e determinazione dai Visconti. Ed è questa la critica che Della Misericordia muove principalmente a Somaini (vedi Della Misericordia, *La Lombardia composita*, cit., pp. 632-633).
28 La prospettiva doveva essere quella di analizzare nel dettaglio le dinamiche attivatesi, la composizione dei ceti dirigenti, la situazione precedente, le figure leader emerse, superando la semplice constatazione della frammentazione.
29 Della Misericordia ricorda la duplice interpretazione del legame tra forze locali e politica estera: il pensiero più diffuso era quello che l'intervento di potenze esterne allo Stato riattivasse rivendicazioni sopite e scatenasse rivolgimenti interni; ma l'autore porta all'attenzione anche studi più recenti (in particolare, A. K. Isaacs, *Sui rapporti interstatali in Italia dal Medioevo all'età moderna*, in *Origini dello Stato. Processi di formazione statale in Italia fra Medioevo ed età moderna*, a cura di G. Chittolini, A. Molho, P. Schiera, Bologna, Il Mulino, 1994, pp. 113-132), dove si capovolge la prospettiva, sottolineando la capacità delle istituzioni locali di attirare il supporto e il sostegno di forze straniere. Della Misericordia, *La Lombardia composita*, cit., pp. 638-639.
30 Somaini aveva esaminato la situazione di Milano e il ruolo della sua aristocrazia in maniera più puntuale (Somaini, *Processi costitutivi*, cit., pp. 694-710), ma aveva tralasciato l'analisi delle periferie (Della Misericordia, *La Lombardia composita*, cit., p. 645)
31 Erano questi i due filoni di studio che cominciavano ad essere intrapresi da più studiosi (Della Misericordia, *La Lombardia*

Il policentrismo stava cominciando ad essere riconosciuto come una delle caratteristiche peculiari della Lombardia, tanto in campo istituzionale, quanto in quello economico: veniva così in parte sfatato il mito della inevitabile e certa preminenza di Milano in ogni ambito della vita lombarda, sia prima sia durante la dominazione viscontea. Da qui la necessità di conoscere meglio quello che succedeva anche nelle aree più periferiche dello Stato, consapevoli dell'importanza che queste rivestivano.

Per quanto gli studi dei primi anni 2000 si siano in realtà concentrati prevalentemente sugli aspetti organizzativi e strutturali dello Stato[32], l'appello ad un approfondimento delle dinamiche sociali e delle situazioni politico-istituzionali delle aree "periferiche" dello Stato non cadde nel nulla. Comparvero così diversi contributi dedicati a città o realtà territoriali più circoscritte[33], ma analizzate nella loro totalità e complessità, che fecero emergere il quadro articolato dei rapporti tra ceti dirigenti, aristocrazia e popolo, gli strumenti di governo utilizzati, l'intima connessione fra centro urbano e contado circostante, l'esistenza di un certo spazio di autonomia e autogestione a livello politico fiscale e giurisdizionale, la forza dei legami parentali tra casati e la capacità delle periferie di influire sulle decisioni prese dal centro.

Vennero proseguiti anche gli studi sulle infeudazioni[34], che misero in luce la persistenza di rapporti personali tra *domini* e sottoposti e che aprirono nuove prospettive per quanto riguarda la legittimazione reciproca tra principi e soggetti locali e la consistenza effettiva dei "piccoli Stati signorili"[35].

Gli sforzi di andare "oltre le città", dunque, portarono con sé diversi frutti. Vale però la pena precisare che questi recenti contributi, lungi dal voler stravolgere completamente la visione tradizionale della dominazione viscontea o dal negare il ruolo delle città, mirano soprattutto a complicare il quadro di riferimento[36], facendo emergere realtà non perfettamente inquadrabili nell'ordinamento centrale, dando rilievo a soggetti solitamente posti in secondo piano e ad aree più marginali, mettendo in discussione anche alcuni "capisaldi" della storiografia sul tema. A questo proposito, valga, a titolo d'esempio, la discussione sull'effettiva portata di un decreto ducale del 1441, meglio noto come decreto "del maggior magistrato"[37].

Un ulteriore filone di indagine sviluppatosi in tempi recenti, anche grazie all'apertura ad altre scienze sociali, è quello dei linguaggi politici, che, oltre a mettere in luce la "funzione performativa del linguaggio" (ovvero «la capacità riconosciuta alle parole non solo di descrivere ma allo stesso tempo di costruire la realtà»), evidenzia come ogni soggetto istituzionale presente nella compagine statale avesse un proprio orizzonte ideologico di riferimento nell'agire quotidiano, tale da spiegare lo scarto tra legislazione principesca e richieste delle periferie[38].

---

composita, cit., p. 643)

32 In particolare sui temi di esercito, diplomazia e burocrazia nella sua accezione più ampia. Vedi M. GENTILE, *Aristocrazia signorile e costituzione del ducato visconteo-sforzesco: appunti e problemi di ricerca*, in M. GENTILE, P. SAVY, *Noblesse et états princiers en Italie et en France au XVe siècle*, Roma, École Française de Rome, 2009, pp. 125-155; rif. p. 130 (in particolare, bibliografia in nota 18).

33 Tra i primi troviamo M. DELLA MISERICORDIA, *La disciplina contrattata. Vescovi e vassalli tra Como e le Alpi nel tardo Medioevo*, Milano, Unicopli, 2000; M. GENTILE, *Terra e poteri. Parma e il Parmense nel ducato visconteo all'inizio del Quattrocento*, Milano, Unicopli, 2001; A. GAMBERINI, *La città assediata. Poteri e identità politiche a Reggio in età viscontea*, Roma, Viella, 2003.

34 In particolare, F. CENGARLE, *Immagine di potere e prassi di governo. La politica feudale di Filippo Maria Visconti*, Roma, Viella, 2006.

35 Si veda anche F. CENGARLE, *Signorie, feudi e "piccoli Stati"*, in *Lo Stato del Rinascimento in Italia, 1350 – 1520*, a cura di A. Gamberini e I. Lazzarini, Roma, Viella, 2014, pp. 261-276.

36 Come dichiarano esplicitamente sia Gamberini (*Oltre le città*, cit., pp. 15, 29, 34) sia Gentile (*Aristocrazia signorile*, cit., p. 134).

37 L'attenzione su questo provvedimento di Filippo Maria Visconti venne portata da Chittolini già in *Infeudazioni* (p. 86), come esempio dell'intervento dell'autorità centrale di disciplinamento delle aree di autonomia precedentemente create. Ma è nell'*Introduzione* a *La formazione dello Stato regionale* che il decreto assume un ruolo particolarmente significativo, in quanto visto come chiara manifestazione del volere principesco di restituire alla città una posizione privilegiata anche in campo giurisdizionale, riaffermando la preminenza del podestà urbano su tutto il distretto di sua competenza, sia per l'alta giustizia e sia nelle cause d'appello (vedi pp. 15-16). Questo testo normativo è stato nuovamente studiato da Federica Cengarle, che ha messo in luce l'esistenza di una duplice interpretazione dello stesso testo: una «suggerisce un'azione del duca esplicitamente volta a contenere le "prepotenze" dei feudatari nei confronti dei cittadini e a salvaguardare i privilegi di questi ultimi», mentre l'altra «forse più aderente alla lettera del testo, sembra leggere il provvedimento in una chiave più ampia di organizzazione territoriale e giurisdizionale del ducato nel suo complesso»; un decreto, dunque, volto soprattutto a tutelare i soggetti più deboli dalle violenze di chi aveva accumulato poteri ed esenzioni. La normativa appare rivolta a tutte le giurisdizioni separate, sia di singoli sia di comunità; l'identificazione dei destinatari con i feudatari soli probabilmente risale all'età sforzesca. Si veda CENGARLE, *Immagine di potere*, cit., pp. 100-103 (citazioni p. 101). Ritornando sull'argomento, Marco Gentile presenta una lettera del 1468 in cui si denuncia la mancata applicazione di questo decreto (GENTILE, *Aristocrazia signorile*, cit., pp. 125-128), che ne mette ulteriormente in crisi il valore risolutivo sostenuto da Chittolini.

38 Cfr. A. GAMBERINI, *Lo stato visconteo. Linguaggi politici e dinamiche costituzionali*, Milano, Franco Angeli, 2005 (citazione pp. 22-23). Sul tema, si veda anche *Linguaggi politici nell'Italia del Rinascimento. Atti del convegno, Pisa, 9-11 novembre 2006*, a cura di A. Gamberini e G. Petralia, Roma, Viella, 2007.

Si è dunque visto come da un'immagine tradizionale del ducato visconteo-sforzesco quale semplice somma di città, il quadro si sia notevolmente modificato nel corso degli ultimi cinquant'anni. L'ampliamento degli studi ha riguardato sia aree territoriali prima poco considerate, sia aspetti poco indagati (come appunto le infeudazioni, i linguaggi politici ecc.). Protagonista di questo lavoro sarà, in modo particolare, l'aristocrazia, negli ultimi anni oggetto diretto o trasversale di molti studi che hanno contribuito a darle spessore e a trasformarla in un "personaggio a tutto tondo".

Si è già visto come diversi contributi si siano concentrati sull'analisi di grandi famiglie e di carriere che ne portarono gli esponenti ai vertici della società, specialmente nel periodo sforzesco e in percorsi nati all'interno della corte[39]. Anche per quanto riguarda i cosiddetti "signori rurali", i rapporti con il potere centrale sono stati particolarmente analizzati ed hanno rivelato aspetti molto interessanti nell'ambito della costruzione statale. Gli stessi studi sui feudi hanno messo in luce la duplice faccia di questa istituzione: da un lato, poteva infatti essere un mezzo per un principe forte per disciplinare e controllare le diverse realtà del suo dominio; ma, dall'altro, si traduceva nella "forzata" accettazione (e conseguente riconoscimento ufficiale!) di situazioni "particolari", esistenti di fatto, da parte di un potere centrale debole o in difficoltà.

Quello della legittimazione è un tema effettivamente spinoso e da approfondire, poiché ebbe importanti risvolti su entrambe le parti in causa. Se, da un lato, il duca era la fonte dispensatrice di legittimità, che dava riconoscimento e convalida ai poteri locali dei piccoli signori, dall'altro egli stesso riceveva, tramite i patti di sottomissione e/o fedeltà, un riconoscimento della propria supremazia ed autorità, più volte messa in discussione nel corso del tempo.

Una continua contrattazione, dunque, oggetto di modificazioni e di ripensamenti dei termini su cui si basava l'accordo, a seconda di quale fosse in quel momento il soggetto in posizione più forte o favorevole. Uno scambio reciproco tra centro e periferie; non una volontà principesca risoluta e capace di influire unidirezionalmente sugli elementi che componevano il dominio, bensì un condizionamento vicendevole tra le parti, che dava vita a un linguaggio politico, a una legislazione e a un assetto statale in continua evoluzione. Le scelte operate dai Visconti – Sforza nell'ambito della politica feudale non si limitarono peraltro a determinare la geografia di una determinata area, ma influenzarono la vita delle grandi famiglie del ducato sotto molti punti di vista. L'evoluzione stessa dei casati risentì notevolmente delle decisioni prese dal centro, tanto che Gentile definì l'operato dei duchi come una «politica della parentela», sia per il ruolo fondamentale che le grandi famiglie assunsero nel processo di ricomposizione e di consolidamento territoriale voluto e gestito dai principi, sia perché l'intervento ducale poteva influenzare i gruppi familiari a tal punto da modificarne le strutture portanti[40]. Su questo secondo punto, vale la pena soffermarsi un momento: è bene ricordare che la legislazione in materia feudale conteneva in sé aspetti rilevanti, che potevano modificare la situazione dei feudatari, sia perché aggravati di vincoli e limitazioni, sia perché messi nella condizione di poter ottenere dei notevoli vantaggi e di emergere all'interno del proprio casato[41]. I limiti più evidenti erano in materia di successione: la normativa restringeva infatti la rosa dei possibili eredi (escludendo ad esempio completamente le donne), comportando delle scelte obbligate all'interno delle famiglie; si capisce dunque il motivo di tante resistenze signorili, volte a tutelare la propria libertà sotto molti punti di vista. Un altro ambito che il legame con il potere centrale andava a toccare era quello delle politiche matrimoniali: il rapporto con il principe spesso comportava l'inserimento in un gioco più ampio, in cui le relazioni tra famiglie si sviluppavano su più piani. Questa era indubbiamente una limitazione, in quanto non permetteva di disporre liberamente dei propri mezzi, ma si rivelò per molti anche un'occasione di ascesa sociale e di affermazione. È in quest'ottica che si spiega il favore di diversi piccoli signori alla sottomissione al duca tramite legame feudale: la vicinanza al centro permetteva di allargare il proprio raggio d'azione e il proprio potere. Non solo: il riconoscimento da parte dell'autorità statale aumentava lo status dell'interessato, che poteva così vedere tutelata la sua superiorità anche nei confronti degli altri rami del suo casato. Le parentele non sempre erano unite al loro interno, anzi: spesso erano proprio scontri interni ad uno stesso clan a divampare in conflitti più ampi, che potevano anche coinvolgere aree estese, se non addirittura influenzare le vicende del ducato stesso. Altro elemento su cui riflettere è la duplice realtà in cui le dinastie aristocratiche si trovarono ad agire,

---

[39] Altre figure degne di nota sono i condottieri, spesso ricompensati in terre dai loro committenti, quando non essi stessi alla ricerca di un luogo dove porre le basi di un proprio "Stato".
[40] GENTILE, *Aristocrazia signorile*, cit., p. 143.
[41] Su tutti questi punti, si veda GENTILE, *Aristocrazia signorile*, cit., pp. 142-149.

▲ Una dalle due torri facenti parte della Pusterla di Sant'Ambrogio, riedificata nel 1939 ad immagine di quella originale, ormai in rovina

quella della città e quella del contado. Queste grandi famiglie, infatti, pur avendo numerosi possedimenti nelle campagne (dove disponevano di seguito e clientele), avevano nella maggior parte dei casi solide basi cittadine: è nel centro urbano che risiedevano, operavano e rivestivano un ruolo (più o meno ufficiale ed esplicito) nella vita politica ed era tramite il controllo delle istituzioni comunali che cercavano di ampliare la propria area di influenza. Esempio lampante di questa interferenza signorile è ciò che emerso dall'analisi più dettagliata dei patti di dedizione delle ex città viscontee durante i primi anni del governo di Filippo Maria Visconti: innanzitutto, a fianco degli accordi con i centri urbani vennero stipulati numerosi trattati separati con signorie rurali, comunità e anche singoli individui; in secondo luogo, è apparso come spesso anche la resa delle città fosse dovuta a una mediazione (quando non ad un'opera di persuasione) operata dalle figure in vista della zona interessata[42].

Emerge così un quadro ben diverso da quello che si presentava agli studiosi sessant'anni fa. Lungi dall'essere soggetti passivi, ben imbrigliati in una solida rete gestita dal potere centrale, da un principe accentratore che si avviava a creare uno Stato moderno coeso e pacificato, i membri dell'aristocrazia si mostrano a noi oggi come personaggi a tutto tondo, con una propria fisionomia e una (più o meno limitata) libertà d'azione, a tal punto da essere in grado di influenzare lo sviluppo e le politiche interne (e in certi casi anche esterne) del principato.

Un'aristocrazia dinamica, complessa e certo non unita al suo interno. Le divisioni in seno alle élite lombarde erano caratteristica costante e resistente nel panorama del dominio visconteo-sforzesco; gli schieramenti che raggruppavano le diverse famiglie erano in continua evoluzione e modificazione, ma si mantenevano nel tempo. Ancora a inizio Cinquecento, il segretario veneziano Gianiacopo Caroldo, in una sua relazione stesa per il Senato veneto[43], riportava l'elenco dei principali casati lombardi, divisi sì per città di riferimento, ma anche per appartenenza di parte: famiglie guelfe si opponevano alle omologhe ghibelline, come costante della società.

Proprio alle parti, agli schieramenti e alle fazioni hanno rivolto l'attenzione diversi studi recenti, volti ad indagare in modo più approfondito un fenomeno su cui tuttora aleggia una sorta di "nube nera", ma che si sta rivelando fondamentale per la comprensione delle dinamiche istituzionali e sociali dello stato milanese tra Trecento e Quattrocento.

Uno dei principali aspetti messo in discussione dai risultati cui sono pervenuti questi studi è proprio la tradizionale contrapposizione tra città e contado, la presunta opposizione netta tra la società politica cittadina e il mondo signoril-feudale: è infatti emerso come queste due situazioni fossero profondamente connesse tra loro e in continuo dialogo. Uno dei collegamenti tra queste due realtà era dato proprio dalla fazione, «tessuto connettivo per eccellenza dello scambio politico fra mondo urbano e rurale […], che proprio a causa dell'osmosi tra città e territorio assume un spesso un carattere – per così dire - misto»[44].

Ed è proprio delle fazioni, della loro cattiva fama, delle diverse accezioni di questo termine e delle loro vicende (nonché del loro ruolo) nella storia dello stato visconteo-sforzesco, che si parlerà nelle prossime pagine.

---

42 Ivi, pp. 138-139.
43 *Relazione del ducato di Milano del segretario Gianiacopo Caroldo, 1520*, in *Relazioni degli Ambasciatori veneti al Senato*, a cura di A. Segarizzi, vol. II, Bari, Laterza, 1913, pp. 3-29, citato da GENTILE, *Aristocrazia signorile*, cit., p. 136 nota 42. Lo stesso testo è analizzato anche da Letizia Arcangeli in *Aggregazioni fazionarie e identità cittadina nello Stato di Milano*, in L. ARCANGELI, *Gentiluomini di Lombardia. Ricerche sull'aristocrazia padana nel Rinascimento*, Milano, Unicopli, 2003, pp. 365-421.
44 GENTILE, *Aristocrazia signorile*, cit., p. 131.

▲ Cavaliere del XII secolo.

LE FAZIONI

Le «Maledette Parti»

Un discorso sul tema delle parti e delle fazioni risente ancora oggi di pregiudizi ben radicati nella mentalità condivisa. Ad esempio, guelfi e ghibellini, come è stato più volte evidenziato[1], costituiscono una coppia "classica" di antagonisti, che spesso torna alla ribalta nella quotidianità per indicare gruppi caratterizzati da una forte opposizione ideologica. Sono termini che fanno parte del patrimonio comune, non nella loro complessità di significato, ma con caratteri specifici ormai cristallizzati. Il termine "fazione", poi, suscita forse sentimenti anche più negativi. Il primo pensiero va al disordine e al caos, alla violenza e alla brutalità tipiche del "buio Medioevo": divisioni fazionarie che causano la crisi dei Comuni, scontri che rendono difficile ai principi portare avanti la creazione di Stati unitari.

L'associazione di caratteristiche esclusivamente negative a questo fenomeno ha certamente un fondamento di verità: conflitti tra famiglie e schieramenti opposti complicarono la vita politica delle città e dei comuni italiani e causarono situazioni di instabilità in molti casi. Ma le ricerche più recenti e più approfondite in materia hanno dimostrato che la realtà era ben più complessa ed elaborata e che le fazioni furono anche un metodo "legale" e riconosciuto per gestire e controllare la vita politica delle diverse zone del ducato milanese, quando non addirittura l'unico in grado di dare risultati soddisfacenti. Per quale motivo, dunque, la tradizione ci ha conservato solo i risvolti negativi di queste organizzazioni?

Sicuramente, un ruolo importante ha giocato la ripresa dei termini e della contrapposizione tra loro avvenuta già nel primo Settecento, durante gli scontri italiani tra Francia e Impero[2], e riportata in auge nel dibattito risorgimentale; ma la demonizzazione delle Parti ebbe inizio molto tempo prima.

A inizio Trecento[3], l'esistenza di divisioni interne al corpo civico era un dato comune alla maggior parte delle città del nord Italia, una realtà di cui si era consapevoli e con cui inevitabilmente i cittadini si trovavano a convivere nella loro quotidianità. Bandi, espulsioni, abbattimento di palazzi ed espropri erano all'ordine del giorno; alcune famiglie aristocratiche cominciavano ad emergere, distinguendosi in campo politico – istituzionale, monopolizzando la gestione degli enti ecclesiastici cittadini e assicurandosi seguito e possedimenti stabili nel distretto. *Pars Imperii* e *Pars Ecclesie* si contendevano il governo della città, costringendo all'esilio gli sconfitti: fortificazioni e roccaforti degli *estrinseci* si susseguivano nel contado, con funzione di rifugio e di base per azioni di contrattacco.

Quando, tra gli anni Venti e Cinquanta del Trecento, i Visconti conquistarono, uno dopo l'altro, questi centri urbani, si dovettero confrontare dunque con comunità provate da anni di lotte intestine, spesso divise da forti contrapposizioni e da rivalità ormai consolidate: una situazione certo non di facile gestione. I signori milanesi che si alternarono al governo del dominio adottarono (o quanto meno provarono a mettere in pratica) soluzioni di diverso tipo per porre fine agli scontri, trovandosi spesso a dover adattare i loro programmi ai differenti contesti in cui essi operavano. Come si vedrà in seguito, il percorso di pacificazione delle Parti non fu lineare e definitivo, ma un continuo processo che alternava contrattazione e scontri frontali.

Nel Trecento le divisioni fazionarie, pur nella consapevolezza dell'equilibrio precario che queste comportavano all'interno della comunità urbana, erano un dato di fatto, un elemento presente nella società; il coinvolgimento delle parti era spesso imprescindibile nell'organizzazione della vita istituzionale cittadina: persino la massima autorità giuridica dell'epoca, Bartolo da Sassoferrato, sebbene contrario in linea di principio alle scissioni interne al corpo civico, ammetteva la liceità di queste aggregazioni per la tutela del «Bene pubblico» e per resistere alle pressioni dei tiranni[4].

Ma dalla metà del Quattrocento, l'atteggiamento nei confronti delle associazioni di parte divenne sempre

---

1 Si veda, in particolare, M. Gentile, *Guelfi, ghibellini, Rinascimento*, cit.
2 Si veda C. Donati, *Tra urgenza politica e memoria storica: la ricomparsa dei ghibellini (e dei guelfi) nell'Italia del primo Settecento*, in *Guelfi e ghibellini*, cit., pp. 109-125.
3 Per quanto riguarda la nascita della parzialità, con particolare riferimento alla distinzione tra guelfi e ghibellini nel XIII secolo, si rimanda a R. M. Dessì, *I nomi dei guelfi e dei ghibellini da Carlo I d'Angiò a Petrarca*, in *Guelfi e ghibellini*, cit., pp. 3-66.
4 «Assumere dicta nomina, licet significent divisionem et partialitatem, tamen si fiat ad iustum et debitum finem, licitum est» (Gentile, *Guelfi, ghibellini, Rinascimento*, cit., p. XIX: citazione dal *Tractatus de guelphis et Gebellinis* di Bartolo da Sassoferrato, ora in D. Quaglioni, *Politica e diritto nel Trecento italiano. Il "De Tyranno" di Bartolo da Sassoferrato (1314-1357)*, Firenze, Olschki, 1983).

più ostile da parte di diversi soggetti: si assisté infatti ad un'azione diffusa di condanna, in campo politico e legislativo[5], religioso e culturale[6] e anche giuridico[7]. Fu però nel Cinquecento che queste posizioni si tradussero in una vera e propria lotta alle fazioni, una criminalizzazione delle "maledette parti" a tutti gli effetti. Quali furono le cause di questa decisa presa di posizione? La situazione geopolitica europea stava cambiando rapidamente e passi sempre più decisi si stavano compiendo in direzione di forme istituzionali più accentrate ed omogenee: i sovrani cercavano di accrescere continuamente il potere nelle proprie mani e di controllare in maniera efficace e diretta i territori loro sottoposti. La lotta alle associazioni di tipo fazionario, in modo particolare, venne perseguita per tre motivi, strettamente legati alla fisionomia di questi gruppi: 1) la caratteristica composizione verticale (in contrasto con le barriere che si stavano venendo a creare tra i vari ceti; 2) la loro irriducibilità al principio di territorialità (che stava invece alla base delle nuove forme di organizzazione politica); 3) l'inevitabile divisione del corpo politico che comportavano, incompatibile con le nascenti tendenze assolutistiche dei sovrani[8].

Questa avversione per le associazioni di parte si rifletté ovviamente nelle cronache cittadine: le fazioni appaiono sulla scena nei momenti di disordine e di crisi delle istituzioni, causano spaccature del corpo civico e sono spesso dipinte come l'origine di tutti i mali della società. Anche nella documentazione ufficiale, la situazione non appare migliore: nella maggior parte dei casi, se il potere centrale fa riferimento alle aggregazioni fazionarie, è per condannarle o per vietarne la nomina[9].

Risulta dunque difficile conoscere l'effettivo contributo che le parti portarono nella vita politica delle città, e altrettanto ricostruire la loro organizzazione interna: raramente, infatti, queste associazioni produssero scritti autoreferenziali, in cui dare definizione ufficiale alle proprie dinamiche interne. Alla *damnatio memoriae* operata dagli organi centrali non viene pertanto in soccorso una produzione propria degli schieramenti, il che contribuisce al diffondersi di una visione totalmente negativa del fenomeno.

Gli studi degli ultimi anni volti a indagare le realtà locali del ducato milanese e il ruolo giocato dall'aristocrazia nella vita politica dei centri cui apparteneva hanno portato alla necessità di confrontarsi con le "maledette parti", liberandosi il più possibile dei pregiudizi sull'argomento e cercando di esaminare le diverse situazioni in profondità. Indispensabile dunque un cambio di approccio e la disponibilità a mettere in discussione il consolidato paradigma fazione – disordine.

In realtà, già negli anni Ottanta e Novanta, in seguito all'apertura al pluralismo e al conseguente interesse crescente nei confronti dei soggetti altri rispetto al principe, gli studi sulle associazioni fazionarie si moltiplicarono, dando vita a modelli interpretativi che in parte ne riconoscevano la funzionalità e l'utilità. Si vide così concesso alle parti un ruolo all'interno delle dinamiche dello Stato, ma con forti limitazioni: solo al potere centrale, poi destinato a risolversi in forme di governo sempre più tendenti all'assolutismo, era riconosciuta una consapevole progettualità nelle scelte e nelle azioni compiute; le aggregazioni locali esistevano e davano un loro contributo all'organizzazione della vita politica, ma senza essere portatrici di un disegno chiaro e coerente. Forse, questa lettura era dettata da un «rifiuto di riconoscere una razionalità a

---

5 Particolarmente contraddittorio fu il programma di Filippo Maria Visconti: una volta rafforzata la sua posizione alla guida del Ducato, si mosse infatti in contrapposizione netta con la politica di coinvolgimento e "legittimazione" delle Parti operata dal padre Gian Galeazzo, emanando diversi decreti, in cui il messaggio puramente politico si mescolava con toni religiosi, contro le divisioni fazionarie. Questo, però, in linea teorica: nella pratica, il giovane Duca si trovò spesso a dover scendere a compromessi con le aristocrazie locali e a dover rinunciare ai suoi propositi.

6 In particolare, la propaganda portata avanti dall'Osservanza francescana; si veda in proposito F. BRUNI, *La città divisa. Le parti e il bene comune da Dante a Guicciardini*, Bologna, Il mulino, 2003.

7 Le posizioni di Bartolo erano state oggetto di discussione già a fine Trecento, con Baldo degli Ubaldi, e a metà Quattrocento i sostenitori della teoria del Sassoferrato erano una ristretta minoranza: la maggior parte dei giuristi, infatti, esprimeva giudizi di totale condanna verso l'esistenza delle Parti. Un esempio su tutti, Martino Garati, attivo alla corte di Filippo Maria, che si esprime così: «ista diabolica duo nomina non possunt esse ad bonum publicum, ymmo ad consumptionem rei publice» (cit. da M. GENTILE, *«Postquam malignitates temporum hec nobis dedere nomina ... ». Fazioni, idiomi politici e pratiche di governo nella tarda età viscontea*, in *Guelfi e ghibellini*, cit., pp. 249-270 – citazione p. 267; a sua volta estratta dal *Tractatus de principibus* di Martino Garati, ora in G. SOLDI RONDININI, *Il Tractatus De Principibus di Martino Garati da Lodi*, Milano - Varese, Istituto editoriale cisalpino, 1968, p. 125). Cfr. anche M. GENTILE, *Discorsi sulle fazioni, discorsi delle fazioni. «Parole e demonstratione partiale» nella Lombardia del secondo Quattrocento*, in *Linguaggi politici*, cit., pp. 381-408, soprattutto alle pp. 389-390.

8 Si veda M. GENTILE, *Fazioni e partiti: problemi e prospettive di ricerca*, in *Lo Stato del Rinascimento*, cit., pp. 277-292 (in particolare, p. 278).

9 Uno dei provvedimenti più ricorrenti nella lotta alla parzialità era proprio il divieto di utilizzare i nomi di guelfi e ghibellini (es. il famoso decreto emanato da Filippo Maria Visconti il 2 maggio 1440, *De partialitatibus non nominandis*).

forme di organizzazione sociale e politica perdenti rispetto allo Stato territoriale»[10].
Si attribuiva dunque loro un ruolo "ufficiale", ma solo in situazioni particolari: le parti erano viste come un ente fluido, senza una propria ideologia o identità definita, come un elemento rilevante ma che emergeva solo in momenti specifici. A questo tipo di associazione vennero attribuiti principalmente due ruoli, che ne mettevano in luce la capacità di gestire la popolazione dei territori interessati e di far confluire forze diverse per raggiungere un obiettivo comune: il primo era quello strumento di governo locale; il secondo, quello di organizzare i conflitti e la vita politica nei momenti di crisi del potere centrale o di vuoto di governo. Un riconoscimento dell'importanza di queste forme aggregative, dunque, ma non nella sua interezza: infatti, nel primo caso le fazioni risultavano subordinate al principe, che le controllava rigidamente e se ne serviva con disinvoltura per gestire aree "impegnative" del suo dominio; nel secondo, invece, riaffiorava l'interpretazione negativa, poiché la capacità organizzativa era di nuovo associata esclusivamente a situazioni di disordine e violenza.

Gli studi intrapresi nell'ultimo decennio hanno cercato di liberarsi di questa visione, andando ad analizzare più in profondità le dinamiche dei singoli centri, il loro rapporto con il quadro del ducato milanese nella sua interezza e la loro posizione nel più ampio scenario politico italiano ed europeo.

Si è posta così all'attenzione degli studiosi la distinzione tra due piani di analisi: uno locale, che riguarda appunto gli sviluppi interni ad una particolare area, ed uno sovralocale, che coinvolge e coordina realtà anche piuttosto lontane tra loro.

---

10 Come sostenuto in GENTILE, *Fazioni e partiti*, cit., p. 278.

▲ Una delle facce della moneta in uso a Milano durante la signoria di Galeazzo II e Bernabò Visconti; chiaramente visibile, nel mezzo, il biscione visconteo sormontato dall'aquila imperiale

Il coordinamento sovraregionale: guelfi e ghibellini

La nascita di questi termini avvenne a Firenze, a metà XIII secolo, durante gli scontri tra Federico II e la città; al tempo di Enrico VII cominciarono a diffondersi anche nel Nord Italia, dove contribuirono a inquadrare in schieramenti opposti le diverse famiglie che si contendevano la scena politica e a fornire un'identità riconosciuta alle fazioni locali.

La comparsa dei due nomi non avvenne esattamente in contemporanea. Il primo ad essere utilizzato fu il termine «guelfo», con il quale si indicava il partito più vicino al papato e soprattutto al re di Francia Carlo d'Angiò; «ghibellino» era l'appellativo affibbiato dagli aderenti a questo schieramento ai loro nemici, caricando il nome di una connotazione dispregiativa. I filoimperiali tendevano ad assumere identità locali, oppure a riferirsi a se stessi in altri termini: l'uso "ufficiale" del vocabolo «ghibellino», che inizialmente era quasi equiparato ad «eretico», fu più tardi, adottato in tempi differenti da zona a zona, a seconda del momento in cui le aristocrazie locali si inserirono in un circuito sovracittadino, dove si trovarono ad interagire con le omologhe vicine[11].

Benché già all'inizio l'associazione guelfo = papato, ghibellino = Impero non fosse completamente calzante, indubbiamente questa posizione non può più essere sostenuta a partire dai primi decenni del Trecento. Eppure, fu proprio all'inizio del XIV secolo che si assisté a una proliferazione dei due termini e a un continuo riferimento a queste realtà, la cui esistenza è documentata ancora nel Quattrocento e persino a inizio Cinquecento. Da qui, il dibattito sull'effettiva consistenza di queste realtà: erano guelfi e ghibellini due semplici nomi, utilizzati in modo assolutamente arbitrario, per indicare due formazioni opposte, oppure conservavano ancora un loro significato[12]?

Imperatori e papi mantennero un certo ruolo ancora tra XIV e XV secolo, soprattutto per quanto riguarda il conferimento di titoli e di forme varie di legittimazione a famiglie e istituzioni; avevano però perso la posizione di rilievo alla guida degli schieramenti politici, rendendo così vana l'identificazione guelfi – papato, ghibellini – impero. Dunque, perché conservare l'uso di questi nomi?

Gentile parla di queste due identità come di «due metafazioni, cioè una realtà più sfuggente e implicita, ma talmente pervasiva e presente agli osservatori contemporanei che questi non sentono il bisogno di definirla: una realtà che solo a evocarla eccita gli animi, attiva reti di relazione, mette in comunicazione ambiti distanti tra loro, ridesta solidarietà antiche (o pretese tali), dà forma e riconoscibilità a comportamenti non sempre analoghi nella sostanza – rende disponibile, insomma, un enorme patrimonio di risorse immateriali concretamente traducibili in azione politica. Non per niente proibire le parti, in genere equivale a proibire di nominarle»[13].

Le motivazioni riconosciute alla base della sopravvivenza di questa terminologia sono tre[14]. La prima è la capacità di creare rapporti politici sovralocali, una rete di appoggi e di solidarietà capace di sostenere progetti ad ampio raggio: la coordinazione con realtà più o meno vicine permetteva alle famiglie più in vista di opporsi con mezzi più efficaci ai rivali cittadini, nonché di godere di riparo e protezione in caso di espulsioni ed esili. Come si vedrà più concretamente nelle vicende delle singole città, i legami tra parentele di località diverse ebbero notevole rilievo nelle dinamiche politiche dei grandi centri urbani: matrimoni tra casate, rapporti di amicizia e sostegno logistico – militare determinarono in molti casi l'esito dei conflitti interni per la gestione del potere. In alcune zone, come ad esempio la Valtellina, guelfi e ghibellini si presentarono «come strumenti di regolazione della competizione politica e della partecipazione all'amministrazione locale», in quanto l'appartenenza delle singole comunità a uno dei due schieramenti aveva creato una ripartizione funzionale del territorio e stabilito i confini tra le diverse regioni amministrative[15].

---

11 Una ricostruzione approfondita della nascita dei due termini e della loro evoluzione si trova nel già citato Dessì, *I nomi dei guelfi e ghibellini*.
12 La pretesa di alcuni studiosi di trovare negli schieramenti tardomedievali una sorta di "coerenza ideologica" con i loro antenati viene presentata da Gentile come un'operazione insensata, in quanto basata sulla ricerca di «modelli puri di guelfità e ghibellinità» mai esistiti (Gentile, *Discorsi sulle fazioni*, cit., p. 382). Sulla validità del dibattito torna anche Somaini, occupandosi della realtà particolare di Milano e riconoscendo elementi di verità in entrambe le posizioni (F. Somaini, *Il binomio imperfetto: alcune osservazioni su guelfi e ghibellini a Milano in età visconteo – sforzesca*, in *Guelfi e ghibellini*, cit., pp. 131-207.
13 Gentile, *«Postquam malignitates temporum ... »*, cit., p. 257.
14 Gentile, *«Postquam malignitates temporum ... »*, cit., pp. 253-4; id., *Fazioni e partiti*, cit., pp. 285-6.
15 Si veda M. Della Misericordia, *Dividersi per governarsi: fazioni, famiglie aristocratiche e comuni in età viscontea (1335-1447)*,

▲ Miniatura rappresentante la Battaglia di Tagliacozzo, combattuta nell'agosto del 1268 fra le truppe di Corradino di Svevia, di parte ghibellina, e le milizie guelfe di Carlo d'Angiò

Una seconda spiegazione della resistenza dei termini va ricercata nella forte carica simbolica che questi nomi conservavano. Le due Parti mantenevano un prestigio particolare, dettato dalla storia che li precedeva e dalla capacità viva di legare tra loro le più importanti famiglie italiane, creando una sorta di élite sovraregionale: i nomi stessi delle due fazioni erano in grado di risvegliare sentimenti alti, che si nutrivano di un passato prestigioso.

L'utilizzo di questi termini per identificare delle realtà relativamente recenti si giustificava, inoltre, nella ricerca di legittimazione cui gli schieramenti ambivano. Guelfi e ghibellini erano due formazioni antiche, che godevano di un loro passato e di una loro storia: rifarsi a questi nomi era un modo per inserirsi in una tradizione già consolidata, legittimata dal legame con le principali fonti di potere e di autorità universali, quali impero e papato.

Forte carica simbolica e legittimante e capacità di coordinamento sovralocale sono dunque alla base della

«Società e storia» 86, 1999, pp. 715-766; in particolare le pp. 726-9, 738-45, 748-50; citazione p. 727.

sopravvivenza di queste due identità[16], che pur si erano allontanate dalle loro posizioni e caratteristiche originarie. Nel Trecento, davanti alla progressiva perdita di prestigio e di vicinanza con la situazione italiana delle due grandi istituzioni universali, si assisté ad una riorganizzazione su basi più strettamente locali dei due schieramenti. Alla guida delle due Parti, si affermarono progressivamente i Visconti (ghibellini) e Firenze: nonostante la riproposizione della definizione di *Pars Imperii* e *Pars Ecclesie*, i rapporti interni alle fazioni si basavano su nuovi principi ed erano dettati soprattutto da legami familiari e da convenienze personali. Non erano infatti vere e proprie ideologie contrastanti a originare lo scontro[17], quanto la volontà degli esponenti di entrambi gli schieramenti di avere il predominio e il controllo della vita politica del centro urbano di appartenenza: un obiettivo che poteva essere più facilmente perseguibile se inseriti in una rete di *amici*, capaci di dare un sostegno armato e di garantire "tranquillità" nei rapporti con le città vicine.

Nonostante questa mancanza di identità coerenti e stabili, il dibattito tra gli intellettuali tre – quattrocenteschi vide nell'opposizione Milano – Firenze lo scontro tra due diverse concezioni politiche e modelli istituzionali: i Visconti rappresentavano una visione "tirannica" del potere, uno Stato centralizzato dove l'autorità si concentrava sempre più nelle mani del principe; i sostenitori della città toscana, invece, erano presentati come i difensori della libertà e del sistema repubblicano. Certo alla base dei due governi cittadini c'erano presupposti diversi, ma, a mio avviso, questa contrapposizione non può essere presa come causa dei contrasti, ma semmai come elemento aggiuntivo di differenziazione. Di fatto, quando il rapporto tra Milano e Firenze si spostò su posizioni più concilianti (dopo l'accordo tra Francesco Sforza e Cosimo de' Medici), ad assumere la guida dello schieramento guelfo fu Venezia, poi seguita dalla Francia: comune restava dunque non tanto una diversa concezione del potere, quanto la contrapposizione tra fronte visconteo – sforzesco e loro nemici[18].

I processi inquisitoriali degli anni Venti del Trecento contro i signori di Milano hanno lasciato elenchi in cui è possibile ritrovare il nome di diverse famiglie lombarde sottoposte parimenti a indagine, rendendo così possibile la ricostruzione di parte del fronte ghibellino. Non esistono liste ufficiali degli appartenenti ai due schieramenti, almeno a livello generale: nelle singole città, invece, in alcuni casi le adesioni fazionarie vennero registrate ufficialmente presso notai e rivestite di valore giuridico[19].

Come si accennava, la divisione in fazioni interna ai singoli centri urbani aveva caratteristiche diverse: poteva, ad esempio, connotarsi comunque come un'opposizione tra due schieramenti, ma senza rifarsi necessariamente alla contrapposizione guelfi – ghibellini, ricorrendo magari ad una diversa nomenclatura (es. utilizzando colori); oppure poteva presentare più gruppi, arrivando anche a quattro o cinque[20].

---

16 Somaini, analizzando il caso delle fazioni a Milano, riconosce anch'egli, alla base della scelta di continuare ad utilizzare la contrapposizione guelfi – ghibellini, tre motivazioni: la capacità di questi termini di garantire continuità e un chiaro quadro di riferimento agli scontri; l'aura di antichità e di prestigio da cui sono avvolti; la definizione di un dualismo secco. SOMAINI, *Il binomio imperfetto*, cit., pp. 188-192.

17 A dimostrazione di questa permeabilità degli schieramenti si possono portare diversi esempi. Uno di questi è il legame che si venne a creare tra personaggi che "per logica" avrebbero dovuto essere su posizioni completamente opposte: caso più eclatante è la vicinanza tra papa Martino V e la parte ghibellina (GENTILE, *«Postquam malignitates temporum ... »*, cit., p. 260). Altro elemento a favore di questa tesi è il passaggio che diverse famiglie (o anche solo singoli esponenti di queste) fecero da un'appartenenza all'altra, seguendo la convenienza del momento (basti pensare ai Rossi di Parma, nati dall'aristocrazia vescovile, passati al campo ghibellino, poi massimi esponenti del guelfismo parmense e infine legati ai Visconti sotto Filippo Maria).

18 GENTILE, *Fazioni e partiti*, cit., pp. 289-290; ID., *«Postquam malignitates temporum ... »*, cit., pp. 261-263.

19 È quello che accadde, ad esempio, a Parma (cfr. M. GENTILE, *Fazioni al governo: politica e società a Parma nel Quattrocento*, Roma, Viella, 2009, p. 84). Gian Galeazzo Visconti, nella sua politica di appoggio e "legalizzazione" delle parti come strumenti di governo, sostenne e incoraggiò questa pratica, per formalizzare gli schieramenti già esistenti ed evitare un'eventuale proliferazione. Interessante è notare come, in alcune zone, un'attestazione scritta, dotata di validità giuridica, che appurasse l'appartenenza ad una fazione fosse stata richiesta già attorno la metà del Trecento, quando il passaggio delle città sotto il dominio visconteo aveva determinato il rientro dei fuoriusciti, ponendo così il problema del reintegro degli stessi nei beni precedentemente confiscati: è quello che si verificò, come si vedrà, a Cremona.

20 È il caso, ad esempio, di Parma, Piacenza e Reggio Emilia.

FAZIONI, SQUADRE, FAMIGLIE: LE DIVISIONI LOCALI

All'interno delle città, la situazione non era lineare. Se l'appartenenza alle Parti guelfa e ghibellina aveva un ruolo comunque fondamentale per l'aiuto militare e l'inserimento in un ambito di azione più ampio, le dinamiche interne alle mura cittadine erano determinate principalmente dai rapporti e dalle alleanze tra le famiglie aristocratiche locali. Si nota così come, innanzitutto, non esisteva un netto bipolarismo tra le fazioni: in diverse città, gli schieramenti che si opponevano erano più di due. La definizione di questi gruppi avvenne poi non tanto su base ideologica, quanto sulla capacità di alcune famiglie di emergere e di porsi alla guida di un più o meno vasto seguito, di controllare le istituzioni cittadine e di fornire un collegamento tra centro urbano e territorio. I nomi di questi schieramenti potevano essere ripresi dalla terminologia tradizionale di guelfi e ghibellini, ma anche assumere denominazioni locali (come a Cremona, dove abbiamo la presenza di *capelleti*, *maltraversi* e *troncaciuffi*), rifarsi a contrapposizione tra colori (*albi* e *nigri* sono i più comuni), oppure semplicemente riprendere i nomi delle famiglie leader di fazione (ed è il caso, ad esempio, delle squadre parmensi, *rossa*, *sanvitalese*, *correggesca* e *pallavicina*).

Questo livello locale, più articolato, è quello più utile ai fini della comprensione delle dinamiche politiche delle città inserite nel dominio milanese. Gentile sostiene che «le fazioni sono un codice che, una volta che lo conosciamo abbastanza bene, può fornirci nuovi elementi interpretativi se non addirittura consentirci di decrittare testi altrimenti oscuri»[21]: molti aspetti della vita cittadina, dalla composizione dei consigli ai provvedimenti presi dalle assemblee cittadine, si spiegano o trovano nuovo significato alla luce delle divisioni fazionarie e delle politiche intraprese nei loro confronti dall'autorità centrale.

L'atteggiamento dei principi, infatti, non fu sempre lo stesso: come si è già accennato e come si vedrà nello specifico più oltre, le fazioni vennero ora combattute, ora appoggiate, a seconda della concezione che il signore milanese aveva del proprio potere, della legittimità della sua autorità e del consenso di cui godeva e della particolare situazione che si trovava a dover fronteggiare.

Volontà dei primi principi di casa Visconti (mi riferisco in particolare ad Azzone, Luchino e Giovanni) fu quella di porre fine agli scontri locali e di stabilizzare le città sotto il loro dominio, provate da anni di scontri intestini, di espulsioni e di distruzioni perpetrate da entrambe le parti. Loro obiettivo fu quello di ridare delle direttive chiare tramite la stesura di nuovi statuti cittadini, di ricomporre il corpo sociale richiamando gli espulsi e di dichiarare la preminenza dell'autorità signorile, dando vita a importanti opere di fortificazione urbana.

La prima "vera e propria legittimazione" delle fazioni avvenne sotto Gian Galeazzo Visconti: il Duca, infatti, riconobbe agli schieramenti locali un ruolo ufficiale nella vita politica cittadina, ad esempio garantendo loro una partecipazione equilibrata all'interno delle istituzioni pubbliche[22]. Sotto il suo governo le fazioni vennero spinte a una maggior formalizzazione, tanto che in diversi casi si arrivò alla produzione di elenchi ufficiali di iscritti alle varie parti, registrati presso un notaio e dunque rivestiti di carattere pubblico[23].

Queste fazioni cittadine non avevano però ovunque lo stesso peso e la stessa organizzazione interna. In alcune realtà, come si vedrà poi nello specifico, assunsero un'identità ben definita: a Parma, ad esempio, le «squadre» avevano una propria chiara fisionomia, una struttura verticistica ed erano in grado di coinvolgere ampi strati della popolazione; si autodefinivano come *collegia* e *universitates*, ponendosi così in posizioni più vicine alla definizione di «partito» che a quella di fazione[24]. Spesso, questa forniva e rappresentava il collegamento tra città e contado, il mezzo per tenere unite due realtà diverse ma dipendenti l'una dall'altra; le grandi famiglie a capo delle parti avevano solitamente palazzi all'interno delle mura cittadine e allo stesso tempo vasti possedimenti nel distretto, tali da poter godere di appoggi e seguito in entrambi i contesti. Non sempre però questo schema funzionava: talvolta le aristocrazie rurali controllavano la città, ma non vi erano sufficientemente inserite e dunque si trovavano in contrasto con la classe dirigente urbana, che pretendeva un proprio spazio; in altri casi, invece, il territorio sottoposto alla città era troppo ampio e possedeva una solida tradizione di autonomia, tale per cui non riusciva ad essere completamente sottomesso[25].

Anche dove esistevano schieramenti più organizzati e definiti, inoltre, c'era comunque la possibilità che

---

21 GENTILE, *Discorsi sulle fazioni*, cit., p. 384.
22 Per schieramenti locali qui si intendono le organizzazioni fazionarie riconosciute, assodate nel tempo e con una loro "struttura": le formazioni più volatili ed effimere, anche definite come *secte*, non sono contemplate.
23 Questo si verifica, ad esempio, a Parma.
24 GENTILE, *Fazioni e partiti*, cit., pp. 283-4.
25 Situazione che, ad esempio, si verificò a Bergamo.

esistessero forme più volatili e temporanee di aggregazione, definite come *secte* o *ligas*, le quali comparivano soltanto in determinati momenti critici della vita cittadina, con scopi e funzioni molto limitati nello spazio e nel tempo: queste erano dunque una sorta di incarnazione dello stereotipo di fazione come elemento di breve durata e generatore di caos che si è poi fissata nella mentalità comune ed è giunta a noi.

Le dinamiche, l'organizzazione e la presenza delle fazioni nel dominio visconteo – sforzesco non erano quindi chiare e definite, non seguivano uno schema preciso applicabile a tutte le aree e furono soggette a cambiamenti nel tempo, tali per cui anche i provvedimenti emanati dall'autorità centrale dovettero essere adattati alle circostanze locali. Pertanto, è opportuno dare uno sguardo al quadro generale delle principali città interessate.

▲ Il Duomo di Cremona in una foto dell'autrice. La costruzione della Cattedrale, dedicata a Santa Maria Assunta, ebbe inizio al principio del XII secolo

CREMONA

A Cremona, le fazioni rivestirono un ruolo importante nella vita politica cittadina. Nonostante diversi tentativi intrapresi per contenere e/o superare la logica delle parti, furono queste a regolare la realtà cremonese per tutto il XIV e XV secolo.

Già a inizio Trecento, alla discesa di Enrico VII, *pars Ecclesiae* e *pars Imperii* si dividevano la scena politica, alternandosi alla guida della città e causando continue migrazioni di persone tra centro urbano e contado. L'imperatore stesso fece esperienza diretta della forza di questa contrapposizione e dell'impossibilità di superarla con un accordo a tavolino: il tentativo di conciliazione da lui proposto nel gennaio 1311 fallì già pochi mesi dopo, principalmente per la resistenza della sezione più intransigente della *pars Ecclesiae*, facente capo a Guglielmo Cavalcabò; questo fatto portò il sovrano ad "abbracciare la logica fazionaria", decretando il bando di 71 grandi cittadini cremonesi e affidando il governo della città a un vicario e 16 *sapientes* di comprovata fedeltà filoimperiale.

Esilio volontario o forzato dei nemici, abbattimento delle case cittadine della *pars* avversaria e confisca dei beni furono pratiche molto frequenti in tutta la storia del Tardo Medioevo cremonese: bandi ed espulsioni furono comminati da entrambe le parti, così come dai signori e dai vicari, che cercavano di assicurarsi la fedeltà della popolazione e di creare una situazione il più possibile stabile, ma sempre con scarsi o precari risultati. Un altro tentativo di pacificazione precedente all'arrivo dei Visconti in città è la "pasetta" del 1316, con cui si tentò un condominio tra guelfi e ghibellini, riservando ai primi la scelta del podestà e ai secondi quella del capitano del Popolo, ma anche questa via era destinata a fallire in tempi brevi: solo un anno dopo Giacomo Cavalcabò prese il potere ed espulse i principali avversari.

Interessante è la dedizione della città a Gian Galeazzo Visconti nel 1383, quando il Popolo cremonese tentò di rivendicare un ruolo ai ceti subalterni, con l'obiettivo di contenere lo strapotere delle famiglie aristocratiche: ma, come si vedrà più avanti, il Signore di Milano frenò queste aspirazioni accogliendo appieno la logica delle parti. Ulteriore momento in cui emerse chiaramente la forza delle fazioni fu il periodo di caos in cui cadde il Ducato alla morte del primo Duca (1402): Cremona fu una delle prime città a dichiararsi indipendente e vide, prima di tornare sotto Filippo Maria Visconti (nel 1420), l'alternarsi di ben tre signorie, che complicarono notevolmente il quadro cittadino.

Primo elemento che attrae l'attenzione è lo scarso controllo che la città esercitava sul suo contado, dove esistevano numerose roccaforti dell'aristocrazia territoriale, pronte ad essere utilizzate come rifugio in caso di bando e come base per attacchi al centro urbano. Le grandi famiglie che controllavano la vita politica cittadina godevano di possedimenti patrimoniali e di vasto seguito nelle terre circostanti, oltre che di residenze in città: erano un vero e proprio collante tra il mondo urbano e quello extraurbano.

Il mancato controllo del Comune sulle zone rurali emerge con chiarezza durante tutto il periodo preso in considerazione: esempio su tutti, la divisione dei principali centri del contado alla morte di Gian Galeazzo Visconti, alcuni dei quali restarono fedeli alla città (governata dai guelfi), mentre altri rimasero leali ai Visconti. La forza e l'irriducibilità degli scontri tra fazioni in questa zona può forse essere ricondotta alla particolare ubicazione di Cremona, situata in una posizione di confine tra diverse dominazioni, dai Visconti ai Gonzaga a Venezia[26], nonché vicina ad altre città "turbolente", quali Brescia, Parma, Piacenza, Crema e Lodi. Caratteristica della città di Cremona è la presenza di una terza parte, accanto alle due "tradizionali".

I maltraversi "nascono" nei primi decenni del Trecento, da una spaccatura interna alla *pars Ecclesiae*. Questa, come già accennato, vedeva come proprio leader carismatico Guglielmo Cavalcabò, personaggio su radicali posizioni antimperialiste, che godeva di un potere particolare in città soprattutto per via del controllo che deteneva sulle finanze comunali[27]. La rottura "ufficiale" si consumò nel 1315, quando Giacomo Cavalcabò divenne signore della città: Ponzino Ponzone, Giacomino Amati e i loro seguaci lasciarono la città, rifugiandosi nelle loro basi nel contado (Soncino su tutte), dando così origine alla tripartizione degli

---

26 Come rileva Gentile, «La condizione di terra di confine in un contesto di guerra semipermanente, inoltre, è in linea di massima il brodo di coltura ideale per la crescita delle fazioni». M. GENTILE, *Dal Comune cittadino allo Stato regionale: la vicenda politica (1311-1402)* in *Storia di Cremona*, vol. III – *Il Trecento: chiesa e cultura (VIII-XIV secolo)*, a cura di G. Andenna e G. Chittolini, Azzano San Paolo, Bolis, 2007, pp. 260-301; citazione pp. 290-1.

27 Buona parte delle finanze era nelle mani della famiglia già ai tempi del padre di Guglielmo: il Comune versava spesso in condizioni di ristrettezza economica, cui i Cavalcabò facevano fronte con prestiti, poi "ripagati" con il versamento dei proventi di pedaggi/tasse locali.

schieramenti cremonesi[28]. Al tempo, i nomi di "guelfi" e "ghibellini" non comparivano ancora, ma era in uso una denominazione locale: la *pars* dei Cavalcabò, solidamente al governo in città, era detta dei *capelleti*, mentre i fuoriusciti (Ponzone ed Amati sopra tutti) presero il nome di *maltraversi*; sopravviveva inoltre una terza fazione, formata dagli eredi dei *barbarasi*, detta dei *troncaciuffi* (poi ghibellini). La presenza della squadra maltraversa complicò spesso il quadro politico, sia per l'impossibilità di applicare diverse soluzioni che sfruttavano il bipartitismo (come la già citata "pasetta" del 1316, oppure il decreto generale di Bernabò Visconti del 1379), sia per la mancanza di un inquadramento chiaro di questo schieramento, nato da posizioni guelfe, ma poi sempre più vicino ai ghibellini. Leader indiscussi della *pars* sono i Ponzone, i cui esponenti (due su tutti, Ponzino e Giovanni) riusciranno a sfruttare a proprio vantaggio i cambiamenti in corso nella scena politica sovracittadina, godendo di posizioni di spicco sotto le diverse dominazioni.

Per quanto riguarda lo schieramento guelfo, come già abbondantemente segnalato, la famiglia leader era quella dei Cavalcabò, che aveva come base nel contado Viadana. Questa parentela ebbe un ruolo di primaria importanza soprattutto a inizio Trecento e durante le fasi critiche del dominio visconteo: ebbe infatti delle resistenze, almeno inizialmente, nel riconoscere la superiorità della dominazione milanese. Altra famiglia di spicco fu quella dei Sommi.

Nucleo della *pars* filoimperiale era la famiglia dei Pallavicini, che arrivò nel 1344 a definirsi come "ghibellina"[29]; forte di possedimenti nei territori circostanti, si rafforzò notevolmente sotto la dominazione viscontea, che ricambiò con generose concessioni la lealtà alla propria causa.

Da segnalare è inoltre la spaccatura interna che si può rilevare in molte parentele aristocratiche: diversi rami familiari (quando non singoli esponenti!) presero direzioni differenti e si inserirono in schieramenti contrapposti. Interessante è però notare come queste divisioni abbracciassero solo due parti (non tutte e tre) e consistessero solitamente in maltraversi – guelfi o maltraversi – ghibellini, a ulteriore dimostrazione della mancanza di un chiaro e definito collocamento della terza squadra cremonese.

I Visconti fecero il loro ingresso a Cremona nel 1322: volontà di Galeazzo I fu subito quella di favorire il ritorno in città degli esiliati, ma il provvedimento escluse i Cavalcabò e i loro partigiani. Azzone si propose anche qui come difensore della pace, tentando dunque di garantire equiparazione delle parti; questo solo nella teoria, però, poiché nella pratica il suo favore andò in modo particolare al filovisconteo Oberto Pallavicino. La prima riforma viscontea degli statuti fu promossa sotto il dominio congiunto di Luchino e Giovanni: vennero creati un Consiglio Generale di 400 membri, uno più ristretto di 200 e un Consiglio di 16 sapienti; la base di reclutamento avrebbe dovuto essere quella territoriale, per porte. Obiettivo era la conciliazione delle parzialità, ma «le vicende successive [...] lasciano il dubbio che la petizione di principio rimanesse largamente sulla carta», poiché i cittadini chiedono e ottengono poco dopo «che la "probacio partialitatis ghibeline ac parentelle vel sucessionis seu alterius linee descendentis vel collateralis" fosse trascritta negli statuti» e utilizzata come prova anche nelle cause future[30].

Fu proprio Giovanni, nella revisione statutaria del 1351, a introdurre una grossa modifica nella composizione dei consigli, su cui occorre soffermarsi: il numero dei *sapientes* venne portato da 16 a 12 e furono aboliti i consigli dei 400 e dei 200, sostituiti da un'assemblea di 152 membri (150 consiglieri e 2 tecnici). Alla luce delle istanze precedentemente avanzate dai cittadini e della presenza di tre squadre in città, la scelta di multipli di 3 alla base della composizione dei consigli desta sospetti: come ha ben espresso Gentile, «non è ancora possibile ricondurre la posizione dei consiglieri nel documento a uno schema di tipo fazionario [...]; sembra fuori discussione, però, che la riforma di Giovanni [...] sia connessa alla tripartizione fra maltraversi, ghibellini e guelfi, rispettivamente capeggiati da Ponzone, Pallavicino e Cavalcabò»[31].

Il passaggio della città a Bernabò nel 1356 fu un altro momento in cui apparve in modo chiaro la tenuta e la resistenza delle parti: il Visconti tentò infatti di porre freno alle divisioni fazionarie, provando a spezzare il sistema in vigore (ad esempio, dichiarò il ritorno ad un'assemblea di 200 consiglieri), ma il progetto non

---

28 Segnali di crisi interna erano già apparsi al tempo dell'accordo tra le parti proposto da Enrico VII, quando all'intransigenza di Guglielmo Cavalcabò si era opposta la volontà di dialogo di suo suocero, Sopramonte Amati. Nel 1313, inoltre, Ponzone ed Amati avevano condiviso la scelta della parte imperiale sul nome da candidare all'elezione vescovile, in opposizione ai Cavalcabò e ai Sommi.

29 Segno «dell'avvenuto inserimento di Cremona e del Cremonese in una nuova compagine politica di respiro regionale» (GENTILE, *Dal Comune cittadino*, cit., p. 279.)

30 Ivi, pp. 278-279.

31 Ivi, p. 281.

andò a buon fine³².

Atteggiamento totalmente opposto fu quello del nipote, Gian Galeazzo, sotto il cui dominio si consumò la "vittoria" delle fazioni. Nel 1386, un decreto stabilì la nuova organizzazione politica della città: la formazione del Consiglio Generale sarebbe dovuta avvenire tramite la compilazione di una lista di 300 persone "ex squadris civitatis ipsius", da cui scegliere poi 50 rappresentanti "pro qualibet squadra vel parte"; 9 sarebbero stati inoltre i deputati "ad negotia". Le parti diventavano quindi ufficialmente società lecite, riconosciute per il loro ruolo nelle dinamiche politiche cittadine: «in generale, la politica di Gian Galeazzo fu improntata al rispetto delle configurazioni fazionarie esistenti nelle città e nelle terre del dominio e al disciplinamento di questi gruppi, che assunsero una funzione stabilizzante negli equilibri politici locali»³³. Interessante è notare che nel primo consiglio "nuovo" non sono nominati Ponzone, Cavalcabò e Pallavicino, un po' come accade nella vicina Parma: la struttura della squadra era tale da permettere ai leader di controllare ed influenzare il consiglio anche senza esservi fisicamente presenti³⁴. Anche tutte le altre magistrature si componevano di ufficiali in numeri multipli di 3 (es. 6 statutari, 3 consoli *Universitas mercatorum*).

Filippo Maria, al suo rientro in città nel 1420, si trovò di fronte, come già accennato, una situazione particolarmente difficile e tormentata: avendo come obiettivo la pacificazione e la stabilizzazione della città, riconobbe a tutte e tre le parti il ruolo di sue interlocutrici, ma fece anche ampio ricorso al confino per allontanare i soggetti più pericolosi (ancora una volta, soprattutto guelfi e maltraversi, per quanto non manchino ghibellini). Il Consiglio si mantenne di 150 membri (pur se 100 effettivi e 50 aggiunti); l'impossibilità di scappare alla logica fazionaria si rivela nella scelta obbligata di istituire una commissione di 6 soggetti (mentre la sua prima proposta fu di 4) per la scelta dei candidati all'assemblea dei 150.

Rinvigorimento e totale legittimazione della tripartizione delle cariche ci fu infine in età sforzesca, a partire da Francesco, che confermò il Consiglio dei 150 (eletto da commissione di 6) e ne aggiunse uno ristretto di 12 persone. Sotto Galeazzo Maria, fu approvata definitivamente la richiesta di rendere esplicito il reclutamento dei consiglieri tra le Parti – ripartizione paritetica dei seggi nei consigli e in ogni magistratura (es. sono 3 anche cancellieri del Comune).

---

32 Vedi cap. 3.
33 GENTILE, *Dal Comune cittadino*, cit., p. 295.
34 A proposito del ruolo dei leader in consiglio, si può fare un passo indietro, nella prima metà del XIV secolo, e confrontare gli elenchi dei consiglieri di 1341 e 1347: se nel primo tutti i membri sono citati senza titoli onorifici e senza un criterio, il secondo si apre con il *nobilis miles* Ponzino Ponzone, il *nobilis miles et marchio* Donnino Pallavicino e il *nobilis marchio* Guglielmo di Ugolino Cavalcabò, a indicare la preminenza e il ruolo di leader che ormai questi personaggi rivestono.

▲ La Villa Pallavicino è un edificio dalle antiche origini situato presso Busseto, in provincia di Parma. La sua costruzione ebbe inizio nel 1518, commissionata dal condottiero Matteo Marri. Attualmente ospita al suo interno il Museo nazionale Giuseppe Verdi

Bergamo

Non si conosce con esattezza l'effettiva portata delle fazioni nella città di Bergamo e la loro capacità di controllo dei Consigli e della vita politica. Alcune famiglie cittadine rivestivano sicuramente un ruolo guida riconosciuto all'interno degli schieramenti guelfo (Rivola, Bonghi e in parte Colleoni) e ghibellino (Suardi), ma la loro capacità di coordinamento delle forze del territorio era probabilmente debole. Le parti erano profondamente radicate nel territorio e possedevano un'invidiabile organizzazione militare, che non riusciva ad essere efficacemente controbilanciata dalle risorse insediate dal principe. Si rileva infatti un certo scarto tra la documentazione ufficiale, i provvedimenti e le normative diffuse dai Visconti e la realtà effettiva: le aree rurali soggette alla città (specialmente le valli) non erano sotto il completo controllo del centro urbano, ed anzi godevano di ampi spazi di autonomia; i vicariati viscontei erano spesso semplici "gusci vuoti", senza un'effettiva efficacia di governo.

Nelle valli, le divisioni fazionarie erano molto sentite, sebbene più labili: spesso le comunità e le famiglie abbracciavano una delle due parti solo occasionalmente, per giustificare e trovare appoggio nel consumare vendette personali[35]. Di questo "opportunismo" doveva essere consapevole Gian Galeazzo Visconti, quando, nel 1394, impose a tutti gli abitanti della città e del territorio bergamasco di dichiarare la propria appartenenza fazionale, poi trascritta in un atto notarile (e dunque giuridicamente vincolante), prima della firma di una pace tra le parti da lui imposta. Obiettivo del Duca era quello di rinsaldare i legami all'interno degli schieramenti tra esponenti cittadini e comunità rurali, così che i capiparte residenti a Bergamo fossero interlocutori efficaci e mediatori tra il principe e il territorio tutto. L'"autonomia" di cui le comunità montane godevano, infatti, si manifestava spesso negli scontri frequenti che avevano luogo nelle valli: gli attacchi a rocche e villaggi, seppur giustificati da opposta appartenenza di parte, cominciavano per portare aiuto o dar soddisfazione ad *amici* che avevano subito offese, senza che ci fosse una qualche forma di coordinamento o di azione concertata dai leader cittadini della fazione. Queste forme aggregative tipiche delle valli bergamasche sono state definite da Hitomi Sato "microfazioni", ovvero «gruppi fazionali di estensione quasi prettamente locale, spesso limitata all'interno della dimensione di una comunità o di una parte della vallata», i quali «formano di volta in volta due reti di alleanze e di mutuo soccorso nei conflitti, che spesso venivano condotti in autonomia dai partiti dei Suardi o dei Rivola e Bonghi»[36]. Le fazioni, nel territorio, avevano un ruolo pervasivo e regolavano anche i rapporti personali ed economici[37]; appare dunque chiaro come non potessero essere totalmente controllate dalla città.

La difficoltà nel gestire la conflittualità endemica delle vallate bergamasche da parte dei Visconti fu legata in particolar modo alla numerosa presenza nell'area di fortificazioni controllate dalle comunità e alla scarsità di presidi viscontei. La necessità di una maggior presenza di forze principesche nel territorio era stata avvertita chiaramente da Giovanni Visconti, che aveva ordinato, nel 1353, che uno dei collaterali del podestà risiedesse con continuità nel contado con le truppe opportune, a spese dei comuni rurali, per poter gestire al meglio il suo ruolo di garante della sicurezza e dell'ordine; nessuno dei suoi successori, però, proseguì in questa direzione, forse a causa dei costi troppo elevati di un'organizzazione capillare in un terreno tanto ampio e accidentato. La situazione, durante il periodo bernaboviano, si fece drammatica per l'acuirsi dei conflitti, cui il signore non seppe mettere fine, anzi: come si vedrà meglio nel prossimo capitolo, la decisione del Visconti di demandare la repressione delle agitazioni alla parte ghibellina, favorita sotto ogni aspetto e spesso lasciata impunita davanti ai soprusi commessi, non solo non risolse i problemi, ma aumentò notevolmente sia il numero delle rivolte, sia la loro violenza. Lo stato di tensione si spense parzialmente sotto il governo di Gian Galeazzo, che seppe imporsi con più credibilità come *princeps super partes*, imponendo pacificazioni tra gli schieramenti e reprimendo con forza e autorità le ribellioni di esponenti di entrambe le fazioni, non esitando

---

35 Come rileva Paolo Grillo, «sotto la copertura ideologica della faziosità trovavano spazio anche crimini comuni» (P. Grillo, *Il territorio conteso. Conflitti per il controllo del contado di Bergamo alla fine del Trecento*, in *Controllare il territorio. Norme, corpi e conflitti tra medioevo e prima guerra mondiale. Convegno internazionale di studi, Convento dell'Annunciata di Abbiategrasso - Università degli Studi di Milano, 15-17 settembre 2010*, a cura di L. Antonielli e S. Levati, Soveria Mannelli, Rubbettino, 2013, pp. 237-252; citazione p. 240).

36 H. Sato, *Fazioni e microfazioni: guelfi e ghibellini nella montagna bergamasca del Trecento*, in *Bergamo e la montagna nel Medioevo. Il territorio orobico fra città e poteri locali*, a cura di R. Rao, «Bergomum. Bollettino annuale della Civica Biblioteca Angelo Mai di Bergamo», CIV-CV, 2009-2010, pp. 149-170; citazioni p. 154.

37 Sul tema, si veda Sato, *Fazioni e microfazioni*, cit., in particolare pp. 157-167.

a ricorrere ad esecuzioni e distruzione di castelli[38].

La situazione era ben lungi però dall'essere risolta in via definitiva: già durante l'età del primo Duca infatti si verificarono insurrezioni, soprattutto per motivi di carattere fiscale; ma la definitiva esplosione delle tensioni latenti si verificò nel 1402, alla morte del Visconti, quando le parti ripresero le lotte per il governo della città e del suo territorio. A quel punto, furono le stesse popolazioni locali a sentire la necessità di porre fine agli scontri e «l'esigenza di concordia della popolazione si sarebbe tradotta nei tentativi locali di superare i contrasti fazionali violenti, attraverso il ricorso alla giustizia, all'intesa tra le microfazioni e al disciplinamento interno alle correnti fazionarie»[39].

BRESCIA

Nella città di Brescia, le divisioni fazionarie nacquero nel Duecento, quando si verificò la spaccatura del ceto aristocratico tra coloro che si avvicinavano alle posizioni del Popolo (ed erano favorevoli ad entrare nella Lega Lombarda) e le famiglie vicine a Cremona e all'imperatore: le prime, identificate come *pars Ecclesie*, ottennero il governo della città, mentre le seconde, con il nome di *malexardi*, vennero espulse e trovarono rifugio nelle roccaforti del contado. Sin dal principio, dunque, il fuoriuscitismo fu un fenomeno rilevante nella storia di Brescia, che andò ad influenzare la tenuta della situazione politica cittadina, la struttura delle fazioni e l'organizzazione del contado: l'espulsione della *pars* avversaria, infatti, si rivelò «un'arma a doppio taglio, che da una parte consente agli intrinseci di gestire più a lungo e con maggiore profitto i beni sequestrati agli estrinseci, ma dall'altra favorisce il consolidamento signorile degli espulsi nelle rocche del contado, arrecando gravi colpi alla capacità reale delle magistrature cittadine di essere presenti e operanti in larga parte del *territorium civitatis*»[40]. Questo non comportò però uno scollamento del territorio dal centro urbano, come accadde invece in altre zone, anzi: le grandi famiglie aristocratiche, pur perseguendo spesso una politica di acquisizione ed espansione nel contado, ebbero a lungo come principale obiettivo quello di avere solide basi in città e di mantenervi un vasto seguito. Non solo: l'identità civica fu sempre molto sentita a Brescia, al punto da esser anche più forte dell'appartenenza fazionaria. L'integrità del territorio, la difesa dei confini e la preminenza della città sul contado furono elementi imprescindibili nella vita cittadina: per la salvaguardia di queste priorità non di rado le parti trovarono accordo e fecero fronte comune (ad esempio, contro la politica territoriale di Bernabò Visconti).

Guelfi e ghibellini ebbero due storie diverse, dovute soprattutto alle dinamiche duecentesche accennate. I guelfi, stabili in città, governarono tra 1270 e 1298, riuscendo così a consolidare la loro posizione e a guadagnarsi un ruolo all'interno delle istituzioni. Le famiglie appartenenti a questo schieramento erano numerose, con una comune ideologia e un vasto seguito tra la popolazione: questo significò, per tutto il Trecento e oltre, la capacità di questa *pars* di coordinare le varie parentele al suo interno e, soprattutto, di mobilitare una larga fetta della cittadinanza (opzione che effettivamente venne messa in pratica in diverse occasioni, sia contro gli avversari ghibellini, sia contro i vari dominatori stranieri). Inizialmente, leader dello schieramento furono i Maggi, che detennero la signoria sulla città tra 1298 e 1316: fu durante questo periodo, però, che la famiglia passò al campo visconteo, diventando così il principale sostenitore della dinastia milanese a Brescia, nonché la "guida" dei ghibellini bresciani. Al vertice dell'organizzazione guelfa, che nel frattempo diventava sempre più ideologicamente coerente e strutturata verticalmente, passarono i Brusati, che mantennero un ruolo di spicco per tutto il XIV secolo. La posizione forte di cui godevano all'interno dello schieramento permise loro di continuare a influenzare le sedute consigliari bresciane, pur non facendo fisicamente parte dell'assemblea (situazione che si verificò almeno dall'età di Bernabò Visconti): il controllo avveniva infatti tramite la capacità di coordinare le diverse famiglie di parte guelfa presenti nei Consigli e, soprattutto, "offrendo" la propria casa, la *domus Bruxatorum*, come sede per la riunione delle assemblee stesse.

I ghibellini si presentarono sin dall'inizio come uno schieramento ben diverso, meno strutturato, senza una

---

38 Particolarmente efficace fu la scelta di Gian Galeazzo, totalmente opposta alla linea seguita dallo zio, di affidare la repressione a uomini estranei alla situazione locale, dotati per l'occasione di poteri straordinari e accompagnati da robusti contingenti militari.
39 SATO, *Fazioni e microfazioni*, cit., p. 167.
40 F. PAGNONI, *Brescia viscontea (1337-1403). Organizzazione territoriale, identità cittadina e politiche di governo negli anni della prima dominazione milanese*, Milano, Unicopli, 2013, pp. 20-21.

precisa ideologia, anzi: spesso le famiglie più in vista della parte si trovarono ad essere in contrasto tra loro e non in grado di far fronte comune. Se, da un lato, abbiamo visto come i guelfi abbiano avuto una storia prettamente cittadina e diversi anni di governo "in solitaria", dall'altro lato i ghibellini si trovarono a definirsi in una situazione più complicata, a causa della loro condizione di fuoriusciti: Pagnoni rileva che «gli estrinseci si presentano, nelle fonti, come un gruppo eterogeneo, molto diversificato al suo interno, formatosi probabilmente attraverso un "lento accumulo" di famiglie espulse dalla città per i motivi più disparati [...] un laboratorio politico in formazione ed elaborazione»[41]; una *pars* variegata anche per composizione sociale, in quanto costituita non solo da *milites*, ma anche da professionisti del diritto e della politica. Una volta reintegrati nei loro possedimenti cittadini, seppero conquistarsi ampi spazi nel governo di Brescia, complice anche il supporto dato loro dai Visconti; nel complesso, però, la strada per l'affermazione come gruppo fu decisamente più difficoltosa rispetto a quella degli avversari guelfi, che si imposero come schieramento più compatto. Leader della fazione ghibellina furono, dopo la loro "conversione" (1303), i Maggi, che pur si scontrarono più volte con l'altra grande famiglia della parte, i da Iseo. Più che imporsi come gruppo compatto, gli esponenti di questo partito trovarono vie per affermarsi come singoli o come parentele.

Due strade si presentarono, dopo l'inserimento nel dominio visconteo (e dunque l'ingresso in una situazione politica più ampia e ricca di occasioni come quella dello Stato regionale), a coloro che miravano ad un innalzamento di status. La prima, percorsa da molte famiglie di antica origine (es. Maggi), fu quella verso la nobilitazione: molti investimenti vennero fatti nell'acquisto di terre fuori città (spesso poi concesse sotto forma di feudo) e molti giovani vennero avviati alla carriera militare. Seconda possibilità, anche questa molto praticata, fu quella di dedicarsi alla professione giuridica o alla carriera funzionariale, che permise a molti di

---

41 Ivi, p. 25.

▲ Le mura venete di Bergamo, edificate quando la città si trovava sotto il dominio veneziano; questa imponente struttura fu costruita durante la seconda metà del XVI secolo

guadagnarsi posizioni prestigiose anche all'interno della corte viscontea[42].

Come già sottolineato, particolarmente sentito a Brescia fu il senso dell'identità cittadina e la volontà di tutelare la città nei suoi confini esterni e nella sua superiorità sul territorio, a tal punto che anche le divisioni fazionarie passarono in secondo piano per far fronte comune a difesa di queste prerogative. Questo non significa però che la città abbia vissuto in armonia, anzi: gli scontri tra i due opposti schieramenti furono sempre vivi e coinvolsero non solo il centro urbano, ma anche il territorio circostante e le valli. Non si verificò, però, qui, la situazione di "indipendenza" che si è vista per Bergamo: le aree rurali vennero coinvolte nelle lotte, ma come estensione della città e le azioni vennero portate avanti in linea con gli orientamenti dettati dai capiparte cittadini. L'importanza del contado fu certo notevole: la presenza di roccaforti delle principali famiglie aristocratiche permetteva a queste di disporre di un vasto seguito rurale mobilitabile in caso di conflitto; tuttavia, il centro delle operazioni, nonché la sede di coordinamento, rimase sempre la città. Molto rilevante fu, per tutto il Trecento, il ruolo delle forze esterne a Brescia, dell'organizzazione sovraregionale dei partiti guelfo e ghibellino: la riscossa degli estrinseci fu dovuta specialmente al supporto e al favore dei Visconti, che ne favorirono il rientro, il reintegro nei beni e la parità istituzionale con i rivali, che certo partivano da una posizione di vantaggio; al tempo stesso, però, la parte guelfa poté coltivare a lungo concrete speranze di un ritorno al potere «grazie alla capacità degli antiviscontei di intrecciare relazioni con alcuni importanti attori politici del panorama italiano e internazionale»[43], come gli Scaligeri, i da Carrara e la curia avignonese.

Per quanto riguarda l'aspetto più prettamente istituzionale, la definizione della composizione e delle competenze dei consigli cittadini non è, per Brescia, totalmente chiara: gli statuti della città, infatti, non si espressero in modo rigido sull'argomento. Sappiamo che le assemblee principali erano due: un Consiglio maggiore e uno minore, detto degli Anziani, che, con il passare del tempo, divenne sempre più il vero nucleo della politica cittadina. Bernabò Visconti, in particolare, vi attribuì sempre più potere, così da mettere decisamente in secondo piano il Consiglio maggiore, dove la presenza guelfa era ancora forte. Gian Galeazzo fissò i numeri di 120 per l'assemblea maggiore e di sei per gli Abati, che dovevano essere eletti tra i membri del «collegio iudicum in Brixia»: si assisté così a un progressivo allontanamento delle famiglie aristocratiche (che preferirono intraprendere la strada dell'insignoramento) dai consigli, e ad una progressiva professionalizzazione degli stessi, che si composero principalmente di esperti di diritto. Non è stato possibile ricondurre la composizione delle assemblee a logiche di fazione, perciò non sappiamo se a Brescia, come nella maggior parte delle città del dominio, i consigli erano in realtà formati in parti uguali da esponenti dei due schieramenti, oppure se sfuggivano a questo tipo di organizzazione: quel che rimane dalla documentazione è il ruolo di spicco che i Brusati mantennero a lungo nella vita politica, poiché «spesso la *domus* dei Brusati compare nelle fonti come un luogo di rilevanza pubblica, presso cui gli organi comunali si ritrovano non solo per le assemblee del consiglio, ma anche per *reddere iura*»[44].

LODI

Lodi visse una situazione particolare, originata dalla vicinanza fisica con Milano. La società comunale non presentava una condizione travagliata come quella, ad esempio, della vicina Cremona, ma manteneva un profilo più basso. Nel distretto non si trovavano grandi complessi signorili autonomi: centro urbano e contado mostravano una certa unità e continuità tra loro.

Entrata nell'orbita di influenza viscontea in tempi assai precoci, Lodi non oppose particolari resistenze alle ingerenze dei primi signori milanesi, che la sottoposero a continue ruberie e spoliazioni, senza che la popolazione insorgesse con azioni forte e coordinate.

Nonostante questa debolezza cronica e la vicinanza al centro del dominio, la città seppe conservare una propria identità e, soprattutto, mostrò come suo obiettivo primario il mantenimento di un ruolo privilegiato della *civitas* come interlocutrice diretta dell'autorità centrale, sia in rappresentanza della comunità urbana

---

[42] Figura interessante è quella di Filippino Emili, che si ritrovò a fare da mediatore tra la sua città, Brescia, e la corte viscontea dopo la morte di Gian Galeazzo, portando all'attenzione dei vertici dello Stato le esigenze della popolazione bresciana. Si veda PAGNONI, *Brescia viscontea*, cit., pp. 194-199.
[43] Ivi, p. 127.
[44] Ivi, p. 105.

sia delle realtà rurali. Questo fu sempre il primo e costante fine delle scelte politiche della cittadinanza, soprattutto nelle situazioni di crisi e di instabilità: una dimostrazione di questa intenzione è data nel triennio 1447-1450, ovvero tra la morte di Filippo Maria Visconti e la dedizione definitiva a Francesco Sforza. In questo periodo, infatti, la popolazione tentò diverse soluzioni per far fronte al vuoto di potere che si era venuto a creare: in primo luogo, intraprese un dialogo con la Repubblica di Venezia per entrare a far parte del suo dominio; le mosse vennero portate avanti *in primis* dalla rappresentanza guelfa, ma vennero poi appoggiate da tutta la comunità. La stessa dedizione allo Sforza venne approvata da tutta la classe dirigente (eccezion fatta per i Vistarini, fedelissimi viscontei), in nome della «necessità di salvaguardare l'integrità del territorio e di proteggere la cittadinanza da saccheggi e devastazioni»[45].

L'élite di governo era formata da un numero ristretto di famiglie di antica tradizione, che mantennero la propria posizione nei consigli e nelle principali magistrature cittadine fino al Cinquecento inoltrato; nella seconda metà del Quattrocento ci fu l'entrata in questa cerchia elitaria di alcuni personaggi forestieri, quali i Calco e i Pusterla, il cui arrivo in città e la cui integrazione nel ceto dirigente furono incoraggiati dal favore degli Sforza.

Per quanto l'obiettivo principe restasse quello della salvaguardia degli interessi della *civitas*, anche a Lodi il corpo sociale era diviso in fazioni, secondo lo schema tradizionale guelfi – ghibellini, che prendevano però qui il nome di *bianchi* e *nigri*. A capo dei due schieramenti, vediamo rispettivamente Fissiraga e Vistarini: questi ultimi, in modo particolare, godettero del favore dei Visconti, i quali, già negli anni Venti del Trecento, ne appoggiarono le ambizioni e ne sostennero la signoria sulla città. Entrambe le famiglie rivestirono un ruolo di particolare rilevanza nella vita politica cittadina: i membri di ambedue le parentele ricoprirono, infatti, incarichi ai vertici delle istituzioni e assunsero la funzione di leader delle fazioni locali[46].

Lodi, come la maggior parte delle città interessate, vedeva la presenza di due assemblee di governo: la prima era il Consiglio maggiore, composto da sessantadue cittadini; la seconda, uno ristretto, di dodici consiglieri, il quale assunse progressivamente il ruolo di vero interlocutore politico e di effettivo centro di governo. L'accesso a queste assemblee, così come a tutte le altre magistrature urbane, era regolato sulla base dell'appartenenza fazionaria: «le modalità di designazione degli *officiali* cittadini seguivano un *iter* relativamente semplice che partiva dalla individuazione in seno al Consiglio minore dei *boni cives* ai quali sarebbe spettato il compito di estrarre dalla lista «de li domandatori», ossia degli aspiranti al titolo, i nominativi di quanti avrebbero concorso alla fase successiva, quella in cui, tramite imbussolamento, si sarebbe giunti all'individuazione del nuovo titolare dell'*officio*. Le liste «de li domandatori» e degli imbussolati venivano compilate indicando accanto al nome del competitore la sua appartenenza a una delle parti – "bianca" e "negra", guelfi e ghibellini»[47]. Nel sistema, Fissiraga e Vistarini vedevano loro riconosciuto un ruolo di rilievo nelle procedure di elezione, di cui controllavano direttamente il funzionamento.

La gestione della vita politica tramite l'appartenenza di parte, garantendo rappresentanza equilibrata a entrambi gli schieramenti, permise una convivenza ordinata tra le due fazioni, i cui contrasti vennero mantenuti sotto controllo. Questo almeno fino alle modifiche intentate in età sforzesca, specialmente per iniziativa di Ludovico il Moro[48]: il tentativo di gestire le istituzioni senza garantire equa partecipazione alle parti portò al rinvigorimento degli scontri, che caratterizzarono i concitati anni di passaggio tra Quattrocento e Cinquecento.

COMO

Rovelli, nella sua *Storia di Como*[49], ci presenta la città divisa in due opposti schieramenti, che riporta con il nome di Guelfi e Ghibellini. Leader delle due fazioni erano le famiglie Vitani e Rusca, le quali, specialmente prima dell'arrivo dei Visconti, riuscirono a controllare le istituzioni cittadine in via più o meno esplicita e ufficiale.

---

45 M. DE LUCA, *Tra Quattro e Cinquecento. Il governo della città di Lodi dagli Sforza alle dominazioni straniere*, in *Lodi, Estado de Milan. L'amministrazione della città di Lodi 1494-1706*, a cura di M. Schianchi, Azzano San Paolo, Bolis, 2010, pp. 13-101 (cit. p. 22).
46 Tra le famiglie guelfe di un certo prestigio vanno ricordati i Vignati, soprattutto per l'esperienza signorile di Giovanni, il quale governò la città nel periodo concitato tra la morte di Giangaleazzo Visconti e il rientro di Lodi nel Ducato, sotto Filippo Maria.
47 DE LUCA, *Tra Quattro e Cinquecento*, cit., p. 30.
48 Sulle riforme del Moro si tornerà più approfonditamente nel capitolo 3.
49 G. ROVELLI, *Storia di Como*, voll. II e III, I, Como, Ostinelli, 1802 (ed. anast., Como, Libreria Meroni, 1992).

▲ Fanterie viscontee, illustrazione di Luca Cristini (da modello di Mario Venturi)

I Rusca, in modo particolare, ebbero un ruolo rilevante anche all'interno delle vicende dello Stato, poiché diversi esponenti della famiglia riuscirono ad ottenere incarichi prestigiosi come funzionari viscontei: numerosi rampolli del casato furono infatti podestà in importanti città, quali Milano, Cremona, Piacenza e Reggio, nonché ambasciatori in missioni di un certo livello. Diversi Rusca godettero poi di una particolare posizione all'interno della storia di Como: basti pensare a Franchino, signore negli anni Trenta del Trecento, le cui esequie furono splendidamente e fastosamente celebrate (a dimostrazione ed esternazione del suo status)[50], oppure a Loterio, il quale, a inizio Quattrocento, ebbe un ruolo fondamentale nella cessione della città a Filippo Maria Visconti[51].

Rilevante fu anche la parte giocata dalle aree extracittadine soggette al controllo di Como: tra queste, vediamo diverse valli, come la Valtellina, zone oggi comprese nella Svizzera italiana, quali Lugano e Bellinzona, e alcune pievi, oggi nel territorio di Sondrio (es. Bormio). Questi territori furono coinvolti nelle lotte di fazione, anzi: spesso furono i luoghi di avvio dei conflitti, che in queste aree si consumavano con particolare violenza e vigore. Sappiamo che la zona era soggetta ad incastellamento signorile, più o meno autorizzato dall'autorità centrale: risale al governo di Galeazzo (1375) l'abbattimento del castello di Bellagio, cui seguirono provvedimenti simili per altre fortificazioni locali[52]. Importante fu anche il ruolo giocato da Lugano, la cui politica fu strettamente legata a quella comasca[53]; parzialmente separata dalla città, venne affidata sotto forma di feudo prima ai Rusca e poi ai Sanseverino[54].

L'ingresso di Como nella dominazione viscontea risale al 1334, quando Azzone entrò in città ponendo fine alla signoria di Franchino Rusca. Sua premura fu la pubblicazione di nuovi statuti, che regolarono, tra i vari aspetti, la composizione dei consigli cittadini: Rovelli ricorda come le cariche fossero equamente ripartite tra le tre fazioni del tempo, «Ruscona, Vitana e Lambertenga», le quali si spartivano tanto i consiglieri quanto tutti gli altri funzionari cittadini. È questo l'unico periodo in cui abbiamo notizia di tre schieramenti, poiché in seguito la situazione sembra attestarsi sull'opposizione guelfi (Vitani) e ghibellini (Rusca): la divisione, però, si manterrà a lungo, poiché ancora sotto Galeazzo Maria Sforza il dibattito tra le due parti, che mantenevano questa definizione, era vivo[55].

Alla morte di Giovanni Visconti, la città passò sotto il governo di Galeazzo II; sappiamo che all'epoca i consigli cittadini erano due, uno Maggiore, composto da cento consiglieri (equamente ripartiti tra i due schieramenti), e uno minore, formato dai Dodici Savi di Provvisione, cui spettavano le decisioni più importanti per la vita di Como, e che così si mantennero anche sotto Gian Galeazzo.

Nonostante la città sia rimasta sotto il controllo milanese fino ai tempi di Ludovico il Moro, le fazioni comasche non erano sopite, anzi: ogni momento di debolezza del potere centrale fu occasione della riaccensione degli scontri e del tentativo, da parte delle famiglie più in vista, di allargare il proprio ambito di azione[56]. Come si accennava, particolarmente vivaci in questo ambito furono le aree extraurbane, soprattutto montane, dove i conflitti assunsero caratteristiche peculiari e vennero vissuti con maggior partecipazione e violenza.

PARMA

La città di Parma presentava una situazione in parte diversa, dovuta alla peculiarità del contesto emiliano. La particolare morfologia del territorio, infatti, aveva reso difficile il controllo della città sul proprio contado e favorito la nascita di nuclei autonomi di potere[57]. La mancanza di un grande centro cittadino catalizzatore (come erano altrove Milano, Firenze, Venezia) aveva impedito la creazione di un'unica compatta formazione statale regionale, lasciando la regione in balìa di poteri disparati, da soggetti stranieri a piccole forze locali. Come rileva Chittolini «sembra quasi che la società ricerchi in esse [ovvero nelle organizzazioni particolari come fazioni, comunità, signorie rurali e feudi] punti di riferimento e nuclei di aggregazione più sicuri e stabili di quelli offerti dalle strutture statali, come se il potere politico non giungesse ad esercitarsi

---

50 ROVELLI, *Storia di Como*, vol. II, cit., pp. 2-3.
51 ROVELLI, *Storia di Como*, vol. III, cit., pp. 70-73.
52 ROVELLI, *Storia di Como*, vol. III, cit., pp. 19.
53 Come si vedrà anche, più oltre, nel caso delle Sante Unioni.
54 L'infeudazione a Luigi Sanseverino risale al 1435 (ROVELLI, *Storia di Como*, vol. III, cit., p. 162).
55 ROVELLI, *Storia di Como*, vol. III, cit., p. 320.
56 Come, ad esempio, alla morte di Giangaleazzo Visconti.
57 Sul tema, resta fondamentale G. CHITTOLINI, *Il particolarismo signorile e feudale in Emilia fra Quattro e Cinquecento* (1977), ora in CHITTOLINI, *La formazione dello Stato regionale*, cit., pp. 199-224.

concretamente che in una dimensione locale, entro i confini di una comunità, sotto la protezione di un castello, all'ombra di un'immunità o di un privilegio»[58]: questa concezione del potere si rifletterà anche nelle politiche adottate dai principi stranieri, i quali preferiranno avvicinare e tutelare i piccoli signori, piuttosto che schierarsi contro di essi a favore dei Comuni. L'influenza della città sul suo contado risultò pertanto compromessa, sia per l'effettivo smembramento del territorio da essa dipendente, sia, come si vedrà, per le ingerenze dei *domini* rurali nella politica cittadina.

I decenni tra fine Duecento e inizio Trecento videro a Parma il formarsi e distruggersi di alleanze tra famiglie in tempi molto brevi; la mancanza di un rapporto stabile e di un'affinità ideologica costante tra le diverse parentele portò alla formazione di gruppi fluidi, in continuo mutamento, che determinarono una sorta di disgregazione della società comunale. Particolare influenza sull'instabilità della situazione ebbe il susseguirsi di espulsioni, bandi ed esili «che spinsero molti protagonisti a riparare nei castelli intorno alla città, con l'effetto di avviare un processo di scollamento del contado dal centro urbano che ancora a fine Trecento era evidentissimo»[59]. L'aristocrazia territoriale godeva dunque di solide basi fuori dalla città, di castelli e roccaforti dove rifugiarsi e a partire dai quali organizzare attacchi verso i nemici e lo stesso Comune, e questo particolare contesto influenzò la vita e le dinamiche cittadine almeno fino al Cinquecento.

Ben presto, cominciarono ad emergere alcune famiglie signorili che, forti del vasto seguito di cui disponevano sia in città sia nel contado, potevano ambire ad insignorirsi di Parma: durante il primo Trecento, furono in particolare i Rossi a dominare la scena politica, alleandosi ed opponendosi agli altri grandi lignaggi (Sanvitale, Da Correggio e Pallavicino) e sfruttando a proprio vantaggio le connessioni sovraregionali con altre potenze

---

58 Ivi, p. 201.
59 A. Gamberini, *Il contado di fronte alla città*, in *Storia di Parma*, vol. III – *Parma medievale. Poteri e istituzioni*, a cura di R. Greci, Parma, Monte Università Parma, 2010, pp. 169-211 (citazione p. 169).

▲ Veduta della piazza del duomo di Cremona, in primo piano il palazzo comunale.

(dai signori di altre città a papi ed imperatori). Nonostante la fluidità dei legami e l'instabilità dello scenario politico, cominciavano allora a delinearsi le linee guida dello sviluppo istituzionale della città: l'inserimento di Parma in un contesto più ampio, dove i poteri che si fronteggiavano erano diversi; l'importanza, ma al tempo stesso la contingenza, dei legami sovrastatali tra guelfi e ghibellini; ma, soprattutto, la centralità del ruolo delle famiglie dell'aristocrazia rurale (e, in particolare, di quattro di queste), con il loro duplice radicamento cittadino e territoriale e la loro capacità di controllo della vita politica parmense.

In questa città, il sistema fazionario vide un livello di organizzazione e di pervasività quasi totale, al punto che pressoché nessun aspetto della vita cittadina ne restava escluso: dall'accesso alle magistrature alla gestione degli spazi sacri[60]. Il vero centro della politica parmense era costituito proprio dalle quattro fazioni facenti capo alle grandi famiglie signorili: fazioni che raggiungevano un alto grado di strutturazione interna e che venivano qui definite "squadre"[61].

Il principale tra questi casati rurali era quello dei Rossi, il più compatto al suo interno. La collocazione della parentela nello schieramento guelfi - ghibellini non fu definita in modo chiaro e costante: emersi come oppositori dei "guelfissimi" Sanvitale, passarono poi al partito filo-ecclesiastico, di cui furono leader a lungo, salvo poi avvicinarsi al fronte visconteo sotto Filippo Maria. Costante del loro procedere fu l'attaccamento a Parma e il tentativo di controllarla: diversi membri della famiglia ebbero un ruolo importante nella vita cittadina, basti pensare a Ugolino (vescovo nel primo Trecento) e ai diversi personaggi che si insignorirono (in modo più o meno velato) della città[62]. Evidente fu il loro duplice solido radicamento in città e nel contado: nel centro urbano, infatti, erano a capo di una rete clientelare che garantiva loro «la partecipazione al controllo degli organismi comunali e alla spartizione delle cariche pubbliche cittadine, attraverso la lottizzazione istituzionalizzata nel sistema delle squadre»[63], mentre nel distretto le loro numerose proprietà assunsero nel tempo un'organizzazione sempre più coerente e definita su modello statuale, con una propria cancelleria e una propria rete di podesterie – un "piccolo Stato signorile".

Altra grande parentela fu quella dei Pallavicino. Stabilmente ghibellini, perlomeno per quanto riguarda il ramo principale della famiglia, gli esponenti di questo casato furono i maggiori sostenitori del governo visconteo in città. Anch'essi riuscirono a creare un vasto dominio territoriale, distribuito però nelle aree di pertinenza di diversi centri urbani, e dunque ebbero un programma d'azione a più ampio raggio. Punto debole dell'agnazione fu la divisione in diversi rami, che spesso si trovarono in contrasto tra loro: nucleo principale era quello di Busseto, la cui superiorità era stata ufficialmente riconosciuta da Gian Galeazzo Visconti a Niccolò (1391); di un certo rilievo erano anche i casati di Pellegrino e di Scipione, cui si aggiungevano poi i rami minori di Ravarano, Varano e Zibello.

Le altre due squadre, di orientamento guelfo, erano quelle dei Sanvitale e dei da Correggio. I primi, nati nell'ambito della feudalità vescovile, mantennero nel tempo un forte legame con il capitolo della cattedrale; importante fu il loro attaccamento a Ferrara, che comportò la costante ostilità al governo milanese e la prontezza a favorire i marchesi d'Este nei momenti di crisi della città. I da Correggio vedevano i loro domini estendersi su aree di pertinenza di centri diversi, perciò apparvero meno incentrati su Parma: la loro squadra appare come la più debole, sia per le defezioni dei suoi iscritti, sia per la maggior instabilità del nome[64]. Ma, sul fronte esterno, questa famiglia ottenne invece grandi risultati, costruendo solidi legami con le grandi casate signorili del Nord Italia (due su tutte, Scaligeri e Gonzaga) e riuscendo a garantire una certa indipendenza ai propri domini, senza dover dipendere dall'appoggio di Milano o di Ferrara[65].

Il controllo che le squadre esercitavano sulla politica cittadina cominciò probabilmente già a inizio Trecento, nonostante l'apparente centralità di cui ancora godeva il Popolo nelle istituzioni locali. Come in molte altre

---

60 Cfr. GENTILE, *Terra e poteri*, cit., pp. 38-47.
61 Squadre che vengono definite come «raggruppamenti di *cives* aventi per referente un casato nobiliare (eponimo della squadra stessa) che di fatto si spartivano l'accesso a tutti gli uffici del Comune» (GAMBERINI, *Il contado di fronte alla città*, cit., p. 196).
62 Ad esempio, i fratelli Marsilio e Rolando, con un ruolo di spicco tra gli anni Venti e Trenta del Trecento, e Pietro, condomino (per breve tempo) con Ottobuono Terzi dopo la morte di Gian Galeazzo Visconti.
63 GENTILE, *Terra e poteri*, cit., p.68.
64 In particolare, mi riferisco al 1403, quando numerosi correggeschi si spostarono in altre squadre, in concomitanza con l'«appropriazione» della stessa da parte di Ottobuono Terzi, che le diede il suo nome. Pur avendo poi recuperato la sua fisionomia originaria, la fazione continuò a oscillare nella sua denominazione (*de Corigia* / squadra ducale).
65 Per una trattazione più approfondita delle diverse famiglie, si rimanda a GENTILE, *Terra e poteri*, cit., pp. 62-75 (Rossi), pp. 75-89 (Pallavicino), pp. 89-93 (Sanvitale), pp. 93-99 (da Correggio).

città, anche a Parma si ebbe la presenza di due assemblee principali, un Consiglio generale e uno ristretto, detto degli Anziani: era, anche qui, questo secondo organo ad aver maggior potere e controllo sulla vita politica.

Al momento dell'ingresso in città di Luchino Visconti, il reclutamento dei consiglieri avveniva su base territoriale: ogni quartiere era rappresentato da un pari numero di cittadini, secondo uno schema apparentemente svincolato da appartenenze ideologiche. I primi segnali di una svolta in senso fazionario, però, erano già nell'aria: analizzando gli elenchi dei consiglieri partecipanti ad una seduta del 1347 (in cui si discutevano le modalità del rientro e del risarcimento dei fuoriusciti di parte ghibellina), si nota come a capo di ogni lista di quartiere ci fosse il nome di un esponente di spicco di una delle famiglie dell'aristocrazia territoriale locale, le stesse che poi daranno nome alle squadre cittadine - «così Oberto Pallavicini precede i rappresentanti di Porta Parma, Giovanni da Correggio quelli di Porta Santa Cristina, Ugolino Rossi quelli di Porta Nuova, Giberto Sanvitale quelli di Porta Benedetta»[66]. Probabilmente, il fatto non era dovuto ad un'effettiva spartizione dei quartieri cittadini tra queste famiglie per aggirare il criterio territoriale di reclutamento[67], quanto ad un inizio di egemonia delle quattro parentele, seppur ancora in un quadro istituzionale "tradizionale".

La "legittimazione ufficiale" del ruolo delle squadre parmensi nel governo della città fu sancita nel 1387 da Giangaleazzo Visconti, il quale promosse una riforma del Consiglio generale, ora di duecento membri divisi su base fazionaria per legge[68]. L'anno seguente, il signore di Milano emanò un decreto generale in cui riconosceva (e, indirettamente, legittimava) la presenza di fazioni, parti e squadre nelle città soggette alla sua autorità e ne ammetteva il ruolo determinante nella gestione del governo cittadino. Questo non significò però l'autorizzazione alla proliferazione degli schieramenti, quanto la regolamentazione di una situazione di fatto già esistente[69]: obiettivo del Visconti era la pace sociale e il mantenimento degli equilibri interni alla classe dirigente[70].

Questo sistema, pervasivo di tutta la realtà cittadina (dagli ambiti più strettamente istituzionali a quelli quotidiani), divenne ben presto la struttura vera e propria della vita parmense: il modello, entrato ormai nella quotidianità dell'esperienza dei cittadini, sopravvisse anche durante la parentesi estense (1409-1420), rivelandosi il vero asse portante del governo della città. Persino Filippo Maria Visconti, nonostante i suoi famosi decreti e la sua risaputa ostilità nei confronti delle divisioni di parte all'interno del suo dominio, dovette nella realtà arrendersi al sistema e appoggiarsi alle squadre per governare: già al momento della dedizione della città al giovane duca, l'ambasceria venne portata da quattro cittadini, appartenenti alle quattro fazioni. Insomma, ci si era resi conto del fatto che «tenere Parma con le parti è una scelta forzata»[71].

Questa preminenza del sistema fazionario non significa però una totale resa ad esso: prima dell'ingresso degli Sforza in città, possiamo, infatti, rintracciare almeno due tentativi di reazione.

Il primo venne messo in atto da Ottobuono Terzi, esponente di una prestigiosa famiglia che vedeva il suo dominio estendersi tra Parma e Reggio, nonché condottiero ducale sotto Giangaleazzo Visconti. Il Terzi, che aveva come obiettivo quello di costruirsi una solida signoria partendo da Parma, comprese l'importanza del sistema fazionario e operò di conseguenza: «sfruttò l'emorragia di consensi che dissanguava la squadra correggesca – i cui membri avevano preso ad aderire in gran numero alle parzialità rivali – per appropriarsene e ribattezzarla con il proprio nome»[72]. Dunque, anche il condottiero abbracciò il modello fazionario, ma non nella sua interezza: per garantirsi il predominio sulla città, infatti, intraprese una lotta decisa contro i Rossi,

---

66 Gentile, *Fazioni al governo*, cit., p. 80.

67 Spartizione dei quartieri di cui non è di fatto restata traccia nell'urbanistica della città nel Quattrocento (vedi Gentile, *Fazioni al governo*, cit., pp. 80-81).

68 Lo stesso criterio per squadre venne adottato per il Consiglio dei dodici Anziani: ogni fazione aveva diritto alla nomina di otto candidati, da cui sarebbero poi stati estratti i tre che avrebbero fatto parte dell'assemblea. Per evitare che una delle squadre venisse messa in minoranza da un accordo tra le altre tre (il che era facilmente possibile, data la presenza di tre gruppi di orientamento guelfo e solo uno ghibellino), «il Visconti si preoccupò di introdurre un correttivo al semplice voto di maggioranza – pur previsto dagli statuti – ordinando che ogni delibera dei consigli (anche quelli allargati agli "aggiunti") dovesse essere approvata con il consenso di almeno la metà dei rappresentanti di ciascuna squadra» (vedi Gamberini, *Il contado di fronte alla città*, cit., p. 197).

69 Proprio per la regolamentazione delle squadre, il Visconti incentivò la pratica già diffusa a Parma di registrare ufficialmente tramite un atto notarile regolarmente depositato la propria appartenenza politica (Gentile, *Fazioni al governo*, cit., p. 84)

70 Interessante è notare come, anche a Parma, si verificò il progressivo allontanamento degli esponenti delle famiglie aristocratiche dai consigli, su cui mantennero un notevole controllo dall'esterno. Vedi Gentile, *Fazioni al governo*, cit., p. 86.

71 Gentile, *Terra e poteri*, cit., p. 43.

72 Gentile, *Fazioni al governo*, cit., p. 89.

che indubbiamente erano la parentela di maggior spicco, peso e seguito a Parma; la cacciata della parte rossa dal centro urbano riportò così allo schema tanto utilizzato prima dell'espansione viscontea, ovvero quello del governo tramite esclusione delle fazioni rivali. La forza e la solidità del sistema, però, ebbero la meglio sul progetto del Terzi, che naufragò qualche anno dopo.

Un secondo tentativo di emancipazione dalla divisione in squadre fu sperimentato durante il biennio repubblicano seguito alla morte di Filippo Maria Visconti (1447-1449). Il reclutamento dei partecipanti alle assemblee comunali venne ridefinito su base territoriale, con un ritorno delle porte come criterio per la ripartizione dei seggi, e il Consiglio generale vide ampliare la sua consistenza, passando da 100 a 220 consiglieri. Ma la novità più interessante fu la nomina di ventiquattro *adjuncti* da affiancare ai dodici Anziani: questi nuovi personaggi dovevano essere per un terzo "piazzesi", per un altro mercanti e i restanti artisti; un'apertura dunque non solo nel numero, bensì soprattutto nella provenienza di ceto. L'esperimento non andò a buon fine, poiché, con l'arrivo di Francesco Sforza, si fece ben presto ritorno alla consolidata prassi della divisione in squadre, che si mantenne nella prima età sforzesca.

REGGIO

La situazione politica di Reggio Emilia era caratterizzata da un forte pluralismo. Città situata in

▲ Bernabò Visconti in un ritratto dipinto da Agostino Caironi tra 1880 e 1882, attualmente parte della Raccolta d'arte dell'Ospedale Maggiore di Milano

una "terra di confine", vedeva il suo territorio costellato di *enclaves* signorili di diverso tipo, a partire da organizzazioni modeste fino ad arrivare a veri e propri "piccoli Stati", con una discreta estensione geografica e una propria struttura politica e burocratica. Forma organizzativa tipica del contado reggiano era la villa, con poche abitazioni e poche persone; i castelli erano davvero numerosissimi, tanto che, nonostante i Visconti si fossero attivati per l'impianto di diversi presidi difensivi nel territorio, i centri del potere signorile rimasero la maggioranza.

La signoria rurale era la forma di organizzazione più diffusa e si basava sullo stretto rapporto tra *dominus* e *homines*: un legame "personale", costruito sulla capacità di difesa del signore e sul consenso/appoggio dei sottoposti. Un mondo, dunque, quello signorile, dove i legami vassallatici – beneficiari avevano ancora un forte valore, dove la consuetudine era più importante del diritto romano, dove al principio di territorialità si opponeva forte la personalità della scelta del proprio *dominus* (al punto che diverse comunità erano divise per fedeltà a signori diversi): lo scontro con la città non avveniva quindi solo su un piano di prerogative usurpate

▲ Armati guelfi e ghubellini. Del XIII secolo. Stampa spagnola di fine ottocento.

o di questioni fiscali, ma era un vero e proprio scontro tra concezioni diverse del Diritto e dello Stato[73].

A detenere il potere nel territorio reggiano erano grandi famiglie, spesso di origine antica, che estendevano i loro domini su aree anche molto vaste[74]; con il passare del tempo, però, molte di queste videro la divisione in diversi rami della parentela, che portò ad una frammentazione del patrimonio e alla nascita di contrasti interni per la guida dell'agnazione.

A fine Trecento, Reggio si trovava in un momento particolarmente difficile, a causa di un declino della città in tutti i campi, da quello demografico a quello politico: proprio questa condizione di debolezza aveva permesso e favorito il rafforzamento e la "riscossa" dei particolarismi territoriali, che riuscirono a riguadagnare spazio per sé. L'orientamento di fondo dei maggiorenti cittadini, però, restava di forte ostilità nei confronti del mondo signorile – rurale. Infatti, nonostante la presenza di squadre i cui capiparte erano i *dominus* del contado, a Reggio era il senso di appartenenza cittadino ad avere il sopravvento sulle altre identità: la difesa della *civitas* veniva prima di ogni altra forma di solidarietà[75]. Per raggiungere questo obiettivo, i cittadini cercarono appoggio nei principi stranieri, spesso con scarsi risultati: i Visconti, ad esempio, ritennero più importante assicurarsi la fedeltà delle grandi famiglie signorili, pertanto furono più inclini a favorirle, anche a scapito degli interessi cittadini[76].

Come si è accennato, i reggiani partecipavano contemporaneamente di più identità politiche, in quanto erano membri della *societas* cittadina, parteggiavano per una delle grandi ideologie (guelfismo e ghibellinismo) ed erano esponenti di una squadra[77]: anche in questa città, infatti, trovava spazio la forma di organizzazione tipica dell'area emiliana, basata su gruppi verticali che facevano capo alle grandi famiglie signorili del contado. Se, però, nella vicina Parma le squadre controllavano completamente qualsiasi aspetto della vita cittadina, non si può dire lo stesso per Reggio: i lignaggi aristocratici «malgrado le contiguità e le amicizie con alcuni segmenti della società reggiana, non riuscivano ad esercitare un controllo profondo e capillare sulla vita politica locale, sull'attività dei consigli»[78]. L'accesso alle cariche comunali era gestito e mediato dall'appartenenza fazionaria ed anche le principali istituzioni religiose cittadine erano nelle mani delle grandi famiglie rurali; ma l'identità civica era ancora abbastanza forte da impedire un totale abbandono al sistema a squadre[79].

Delle parti si parla poco anche nelle fonti; abbiamo due testimonianze della loro presenza, risalenti alla seconda metà del Trecento: la prima fa riferimento ad una richiesta (1373) avanzata da Regina Della Scala, reggente della città in vece del marito, di sapere nome e squadra di appartenenza dell'*advocatus* e del *sindacus* del Comune; la seconda, invece, risale al 1385, quando il neo – signore Giangaleazzo Visconti respinse due volte l'elenco dei cittadini desiderosi di essere avviati agli offici del dominio «cum non fit specificatum de quorum voluntate seu squatra sunt»[80]. Obiettivo del potere centrale sembra voler essere anche qui quello di far emergere le parzialità in modo chiaro, per poter utilizzare le squadre come interlocutrici privilegiate nel dialogo politico.

Queste non ebbero un numero definito e la stabilità delle loro omonime parmensi; le principali furono cinque, anche se una di queste, quella dei Roberti, ebbe una storia tormentata e scomparve nel 1393.

La maggior parte delle parentele rurali reggiane non mostrarono nel tempo un orientamento politico stabile, ma passarono piuttosto da un'alleanza all'altra a seconda dell'opportunità, creando fronti opposti anche all'interno dello stesso casato. L'ingresso della città nell'orbita viscontea, in particolare, contribuì in modo

---

73 Gamberini parla di "scontro tra linguaggi politici"; riferimenti alla situazione particolare del Reggiano in GAMBERINI, *La città assediata*, cit., pp. 109-135.

74 Non di rado gli interessi di queste grandi famiglie sconfinavano in zone di pertinenza di altri comuni, basti pensare ai Da Correggio e al loro legame con Parma.

75 «Decenni e decenni di scontri per l'egemonia cittadina fra le agnazioni dei Sesso, Manfredi, Fogliano e Canossa, se da un lato avevano portato alla creazione di gruppi di seguaci e sostenitori anche all'interno del perimetro urbano, dall'altro non avevano dissolto la percezione di un interesse collettivo dei *cives* – segnatamente in quel gruppo di mercanti, artigiani agiati, notai, prestatori che sedevano nel Consiglio degli Anziani – i quali vedevano nei *domini* del contado non solo i perturbatori dell'ordine e della pace, ma soprattutto i detentori di immunità e privilegi che tanti danni infliggevano alle finanze e all'economia cittadine» (GAMBERINI, *La città assediata*, cit., p. 57).

76 Per vedere riconosciuti i propri diritti e tutelati i propri interessi, i cittadini di Reggio fecero affidamento soprattutto sugli ufficiali viscontei di stanza in città (specialmente i podestà), ben integrati nel contesto cittadino e più inclini ad assecondare le richieste.

77 GAMBERINI, *La città assediata*, cit., p. 10.

78 Ivi, p. 11.

79 Un esempio della differenza di panorama tra questa città e le vicine è il giuramento di fedeltà che i centri del ducato furono chiamati a prestare a Giovanni Maria Visconti nel 1403: a Parma e Piacenza venne formulato *per squatram*, mentre a Reggio fu pronunciato tramite alcuni *cives*, che si impegnavano a nome proprio, del Comune e del distretto (GAMBERINI, *La città assediata*, cit., p. 68).

80 Ivi, p. 66.

significativo a polarizzare le posizioni in filoviscontei e filoestensi.

Principale famiglia di costante schieramento ghibellino fu quella dei Da Sesso, di tradizione antica (era già presente agli inizi del XII secolo). Durante l'età comunale, gli esponenti di questo casato rivestirono le cariche istituzionali cittadine più prestigiose e riuscirono ad affermarsi anche fuori Reggio, come vescovi e officiali itineranti; vennero esiliati in seguito alla caduta del Barbarossa, ma ebbero sempre come mira quella di rientrare in città: obiettivo che raggiunsero grazie anche al coordinamento con le forze ghibelline padane, specialmente gli Scaligeri. Ebbero un legame particolarmente solido con Giangaleazzo Visconti, il quale contribuì in maniera decisiva al loro reinserimento ai vertici della società reggiana.

Sul fronte opposto, principale famiglia di stabile orientamento guelfo fu quella dei Roberti, che si appoggiò invece principalmente ai vicini Este; Ferrara fu trampolino di lancio per molti degli esponenti del casato, che nella città ebbero grandissimo rilievo politico. Reggio restava comunque il centro principale dei loro interessi: vi possedevano diverse abitazioni e controllavano il monastero femminile di Santa Chiara. Il contrasto con i Visconti e con le altre squadre li portò ad essere più volte espulsi e reintegrati, salvo essere poi definitivamente banditi in seguito all'assassinio del capoparte rivale Giberto Da Sesso (1393).

Le altre tre squadre facevano capo a Canossa, Manfredi e Fogliano. I primi discendevano da un vassallo matildico e avevano dato origine ad una vasta parentela, divisa in più rami: i principali furono quello di Bianello e quello di Gesso. La loro fedeltà nello scontro Este – Visconti non fu decisa su base familiare, ma lasciata ai singoli esponenti: in particolare, nel ramo di Bianello si verificarono spesso contrasti interni per l'eredità, che si tentò di risolvere ricorrendo all'appoggio di forze opposte. Anche i Manfredi, che furono condomini di Reggio con i Fogliano nel 1331, oscillarono nella loro adesione politica al fronte visconteo/estense: sebbene fossero vicini ai signori di Ferrara, infatti, fu proprio grazie al loro contributo che Bernabò Visconti riuscì ad espugnare la città nel 1371. I Fogliano dovettero la loro ascesa al legame con la Chiesa vescovile, ma già a inizio Trecento persero coesione interna e comune identità guelfa, dando vita a tanti rami, la cui adesione politica mutò nel tempo.

L'estremo particolarismo del distretto reggiano comportò ovviamente la presenza di molte altre famiglie signorili, con possedimenti più o meno ampi: tra queste ricordiamo i da Correggio, che abbiamo già visto dividersi tra Reggio e Parma; i Gonzaga, signori della città per un periodo; i da Roteglia. Ma «non tutti i nuclei signorili del contado guardavano alla città con il medesimo interesse e le medesime ambizioni; se per alcuni Reggio rimaneva terreno di affermazione, o, addirittura, sogno di conquista, per altri costituiva solo uno dei tanti poli del quadro politico, di cui ora ricercare l'amicizia, ora parare gli attacchi»[81]: tra queste famiglie, di antica tradizione ma con proprietà ormai molto frammentate, citiamo i Da Bismantova, i Dallo, i Della Palude e i Vallisnera. Altro grande casato da ricordare è quello dei Pico, i quali diedero vita a un piccolo stato signorile, ma ebbero pochi interessi in città[82].

I signori del contado, nonostante avessero come centro di potere i possedimenti nel distretto reggiano, erano ben assestati in città, ove possedevano palazzi e disponevano di clientela e di consenso. Si presentavano però elementi a sfavore di una loro completa affermazione e della diffusione di un sistema di governo per squadre pervasivo come quello parmense. Innanzitutto, una disposizione non scritta ma rispettata nel Comune impediva alle agnazioni nobiliari di accedere ai consigli e alle magistrature urbane, che restavano quindi prerogativa delle famiglie cittadine; inoltre, giurisperiti e notai non mostravano appartenenza netta a una determinata squadra: la scelta di un professionista rispetto ad un altro sembra legata alla diversa specializzazione degli stessi, più che alla vicinanza ideologica – politica.

Il problema di fondo, però, risiedeva nell'incapacità di questi schieramenti di definirsi e connotarsi in modo specifico; ci si rifaceva a orizzonti ideali di guelfismo e ghibellinismo, ma senza dar loro una caratterizzazione peculiare, tanto che l'appartenenza ad una squadra o all'altra cominciò ad essere percepita come equivalente (ad esempio, dopo l'omicidio di Giberto da Sesso, la parte dei Roberti si sfaldò progressivamente e vide i suoi ex aderenti cercare solidarietà negli altri schieramenti in nome della comune identità guelfa)[83]. La mancanza di una caratteristica specifica della squadra, anche, per esempio, sotto un profilo economico o legato a un particolare settore della vita cittadina, portò ad una sorta di appiattimento ideologico, per cui gli schieramenti divennero pressoché equivalenti, determinando così la debolezza del sistema.

---

81 Ivi, p. 65.
82 Ampia trattazione delle famiglie reggiane in GAMBERINI, *La città assediata*, cit., in particolare pp. 147-242.
83 GAMBERINI, *La città assediata*, cit., pp. 70-73.

La normativa era largamente basata sulla consuetudine, perché più semplice da modificare; silenzio è fatto negli statuti sulle norme di accesso ai consigli. Le principali assemblee cittadine erano anche qui un Consiglio Generale e uno ristretto, dei Dodici Anziani, i quali videro progressivamente aumentare il proprio potere. La scelta dei candidati avveniva inizialmente su base territoriale (quartieri), poi si passò progressivamente a una nomina completamente a carico degli Anziani precedenti: era a questo punto del processo che intervenivano le parti? Questo aspetto non è chiaro, anche perché accanto i nomi dei candidati era ancora riportato il quartiere d'appartenenza; quel che è certo è che le squadre non controllavano la ripartizione delle zone cittadine e che la distribuzione dei palazzi signorili seguiva un criterio casuale[84].

In seguito alla concentrazione del potere nelle mani degli Anziani, si assisté alla formazione di un'altra assemblea, detta dei Quaranta, che aveva lo scopo di affiancare i Dodici nelle deliberazioni più importanti; questi consiglieri "aggiunti" estesero piano piano il loro campo di azione e assunsero un ruolo sempre più importante: si verificò una sorta di "osmosi" tra i due Consigli, che risultarono spesso composti dalle stesse persone.

L'avere un seggio nelle assemblee cittadine era considerato un traguardo molto ambito, in quanto comportava un accrescimento dello *status* personale e implicava un certo potere decisionale. A fine XIV secolo, i casati nobili del contado non trovavano più spazio all'interno dei Consigli, dove invece mantenevano posizione alcune famiglie di consolidata tradizione cittadina (quali come Ariberti, Affamacavallo, Cambiatori, Cassoli, Cartari, Fiordibelli, Levalossi, Muti, Malaguzzi, Malvezzi, Taccoli, Volpecini), le quali si trovavano ai vertici anche delle più prestigiose istituzioni ecclesiastiche urbane e del distretto. Interessante è notare come tra i *cives* più eletti ci fossero anche dei *parvenu* di più bassa estrazione, quali un calzolaio, un falegname e un mercante; anche tra i membri dell'Anzianato, mercanti ed personaggi del mondo artigiano (calzolai, merciai, speziali, orafi, pellicciai, fabbri e falegnami) erano in numero superiore agli uomini di legge[85].

Gli esponenti dei grandi casati cittadini riuscirono spesso a guadagnarsi e a mantenere posizioni di spicco in città, ma a livello sovraregionale non conseguirono grandi riconoscimenti: alcuni di loro riuscirono ad ottenere incarichi in podesterie e vicariati minori, ma in qualità di giudici o di vicari podestarili e solo se in possesso di alte competenze professionali. A loro, erano preferiti esponenti di stirpi feudali e signorili, soprattutto nell'assegnazione di ruoli prestigiosi all'interno dello Stato: era questo un altro strumento utilizzato dai Visconti per legare a sé i *domini* rurali, spesso troppo fieri della propria indipendenza per sottomettersi ai signori milanesi tramite patti feudali[86].

PIACENZA

Piacenza fu il primo centro ad entrare a far parte del dominio visconteo: già nel 1313, infatti, Galeazzo I fece il suo ingresso in città e venne nominato vicario imperiale; pochi mesi dopo, alla morte di Enrico VII, assunse il titolo di signore.

Condizione comune alle altre realtà emiliane, anche Piacenza presentava un contado turbolento, frammentato in numerosissimi nuclei di potere signorile più o meno estesi e più o meno indipendenti: in particolar modo, la zona montana costituiva quasi un mondo a sé, che sfuggiva al controllo cittadino. I problemi che il Comune dovette affrontare nella gestione e nella sottomissione al centro urbano del distretto si ripresentarono anche nell'età visconteo – sforzesca: una delle costanti della politica dei signori milanesi a Piacenza fu proprio la ricerca di una soluzione a questo particolarismo sfrenato. I provvedimenti adottati si mossero su più fronti: ad esempio, ricorrenti furono le norme contro il banditismo e l'incastellamento incontrollato[87]. In modo particolare, ampio fu il ricorso a infeudazioni, sia verso signori e famiglie locali (nel tentativo di legarle

---

84 È piuttosto probabile che le squadre facessero poi propaganda all'interno dei quartieri per assicurarsi seguaci; il numero dei consiglieri per ciascuna parte non era definito in base a una spartizione netta ed equa stabilita sulla carta.

85 Tra le famiglie più rappresentative di questa tendenza, abbiamo i Tinti, dinastia di *campsores*. Per un approfondimento si veda il già più volte citato GAMBERINI, *La città assediata*, cit., pp. 100ss.

86 A legarsi ai Visconti con veri patti di sottomissione erano soprattutto i piccoli signori, non in grado di opporre resistenza efficace, oppure esponenti di parentele molto frammentate, che speravano così di veder riconosciuta la propria superiorità sugli altri rami familiari. Il principale mezzo pattizio utilizzato nel Reggiano era il contratto di aderenza, che lasciava una maggior flessibilità alle parti contraenti (si veda GAMBERINI, *La città assediata*, cit., pp. 128ss.)

87 Il tentativo di arginare il fenomeno dell'incastellamento era già stato portato avanti da Azzone, a metà degli anni Trenta del Trecento, quando, dopo la ripresa della città, intraprese un progetto di pacificazione ad ampio raggio. P. CASTIGNOLI, *Dal governo di Azzone all'ascesa al potere di Gian Galeazzo (1336-1385)*, in *Storia di Piacenza*, vol. III - *Dalla signoria viscontea al principato farnesiano (1313-1545)*, Piacenza, Tip. Le. Co Editore, 1997, pp. 41-68 (qui si vedano, in particolare, le pp. 45-47).

a sé), sia verso personaggi di fiducia dei principi o loro familiari (specialmente in aree particolarmente strategiche)[88]. Se, da un lato, queste pratiche permettevano di creare un certo legame con i poteri locali e di esercitare una qualche forma di controllo sul territorio, dall'altro scontentavano la città, che si vedeva privata di importanti entrate e privilegi.

A Piacenza, le *squadre* ebbero una diffusione piuttosto capillare, interessando vari ambiti della vita cittadina. Possiamo qui vedere una dimostrazione nella pratica della visione della fazione come "codice interpretativo" delle dinamiche politiche proposta da Gentile, davanti all'analisi delle denunce riportate all'interno dei consigli cittadini contro i feudatari irregolari: lette le proteste, sembra che la città abbia deciso di intervenire con decisione e di contrastare lo strapotere dei signori rurali. Ad un esame più approfondito delle carte, fatto tenendo ben presente la situazione dell'epoca sia degli effettivi possedimenti nel contado sia delle divisioni fazionarie, ci si rende però conto di come «il procedere o meno contro i presunti usurpatori, e anche lo stabilire quali luoghi fossero usurpati, era solo un problema politico: [...] il fatto che i principali usurpatori fossero feudatari estranei all'arena politica cittadina e condottieri sforzeschi (Dal Verme, Fieschi, Malaspina, Brandolini), se non diminuisce la pericolosità dell'erosione del distretto fiscale urbano, tuttavia risulta fattore determinante nel giudicare la strategia delle *élites* di Piacenza nei confronti di tale fenomeno»[89]. Un movimento e una protesta che in realtà si risolvevano dunque in una controffensiva delle principali famiglie signorili (quelle che davvero disponevano di estesi possedimenti nel contado e godevano di ampi privilegi che mettevano la città in difficoltà) nei confronti dei feudatari minori, tramite un uso personale delle istituzioni cittadine. Proprio questa è una delle caratteristiche principali della pervasività del sistema fazionario nella gestione della vita politica piacentina: l'impossibilità di separare gli obiettivi perseguiti dalla città nel suo proprio interesse e quelli che rientravano in realtà nelle strategie delle famiglie caposquadra.

Il sistema a squadre iniziò ad essere in uso a Piacenza già nel Trecento, ma la presa sulle istituzioni di governo si intensificò e rafforzò sempre più nel corso del Quattrocento, e, in modo particolare, durante la prima età sforzesca.

Come a Parma, anche qui le squadre costituivano una forma di organizzazione trasversale, in grado di coordinare diversi strati della società, di controllare le istituzioni cittadine e di fornire un valido raccordo tra centro urbano e periferie rurali. Il legame che le famiglie capoparte avevano con il contado, dovuto ai loro numerosi possedimenti nel distretto, era un mezzo efficace per garantire alla città una qualche forma di controllo del territorio, ma al tempo stesso un'arma a doppio taglio: le casate signorili tendevano infatti inevitabilmente ad avere come obiettivo principale quello di preservare i propri possedimenti, anche a scapito degli interessi della comunità[90].

L'influenza delle squadre non era esercitata solo sul contado, ma anche, e forse in modo ancora più invasivo, in città: «ognuna delle *squadre* infatti aveva stabilito la propria base in una specifica e ristretta zona della città, avente come centro e punto di riferimento le case di quel gruppo famigliare - o famiglia-guida - dal quale prendeva il nome»[91]. Così, i guelfi presero la fascia occidentale, gli Scotti a sud (chiesa di San Giovanni in Canale) e i Fontana a nord (Sant'Eufemia), mentre i ghibellini si stabilirono a oriente, Anguissola a sud (Sant'Antonino) e Landi a nord (Santa Maria del Cairo)[92]. Il radicamento delle squadre in zone ben definite comportò la vicinanza anche fisica tra i componenti, che furono così portati a sviluppare un'identità di gruppo più forte e forme di solidarietà interna che contribuirono ad aumentare la coesione della fazione, ma non solo: anche le diverse attività produttive e commerciali si ritrovarono ad essere localizzate nelle stesse aree, facendo sì che ci fossero anche interessi economici in comune da difendere. «Il proprio settore costituiva dunque per ogni *squadra* uno spazio sociale ed economico da tutelare, proteggendolo tanto dalle iniziative degli avversari, quanto da fattori esterni che potevano turbare gli instabili equilibri tra le parti»[93]: ulteriore elemento, dunque, che portava a scontri con gli altri gruppi e, allo stesso tempo, che rafforzava l'identità fazionaria.

---

[88] Si pensi, ad esempio, alle infeudazioni a Ottone Mandelli e Giacomo Dal Verme (cfr. P. CASTIGNOLI, *Gian Galeazzo Duca di Milano e il suo progetto di unificazione italiana*, in *Storia di Piacenza*, vol. III, cit., pp. 69-90 e, specialmente, pp. 81-82).

[89] D. ANDREOZZI, *Il periodo sforzesco (1448-1499)*, in *Storia di Piacenza*, vol. III, cit., pp. 133-166 (citazioni pp. 142-143).

[90] D. ANDREOZZI, *Piacenza sotto il dominio di Filippo Maria Visconti*, in *Storia di Piacenza*, vol. III, cit., pp. 109-124, in particolare p. 115; R. BELLOSTA, *Le "squadre" in Consiglio: assemblee cittadine ed élite di governo urbana a Piacenza nella seconda metà del Quattrocento tra divisioni di parte e ingerenze ducali*, in «Nuova Rivista Storica», 87, 2003, pp. 1-54, in particolare pp. 35-36.

[91] BELLOSTA, *Le "squadre" in Consiglio*, cit., p. 39.

[92] Ivi, pp. 39-40.

[93] Ivi, p. 40.

▲ Il Battistero di San Giovanni Battista, a Cremona, in una foto dell'autrice. La costruzione dell'edificio ebbe inizio nella seconda metà del XII secolo; il Battistero, a pianta ottagonale, è situato accanto al Duomo

Ma quante furono le squadre piacentine? Come si è già accennato, le famiglie importanti che disponevano di possedimenti nelle campagne erano molte e diverse fra loro esercitavano una certa influenza sulla città. Il ruolo delle fazioni nel governo cittadino iniziò ben presto e fu subito riconosciuto, ma il loro numero e peso fu soggetto a cambiamenti nel tempo.

Nel 1313, sotto il governo di Galeazzo I, il Consiglio Generale era composto da 1400 consiglieri, nominati per metà dal guelfo Alberto Scotti e per metà dal ghibellino Uberto Landi, i due leader politici dell'epoca. In realtà, già a inizio Trecento la popolazione si schierava in tre partiti: uno in città, di orientamento guelfo, guidato dagli Scotti; gli estrinseci, invece, si dividevano a loro volta in due parti, i guelfi cosiddetti *Bardelli* (sotto la leadership dei Fontana) e i ghibellini (capitanati da Landi e Anguissola). Furono questi tre schieramenti a costituire la base delle divisioni fazionarie fino agli anni Sessanta del XIV secolo; Azzone Visconti, ad esempio, decretò una riforma degli ordinamenti, per cui il Consiglio generale passava da seicento membri eletti su base territoriale (quale era la prassi duecentesca) a centottanta consiglieri, ripartiti secondo le tre squadre[94]. Ancora nel 1359, durante i festeggiamenti per la presa della vicina Pavia (operazione nella quale il contributo di Piacenza si era rivelato particolarmente significativo), la popolazione si presentò divisa

---

94 Non sappiamo se in questo momento la ripartizione fosse paritaria (60 consiglieri per squadra) oppure gli Scotti godessero di una posizione privilegiata, potendo disporre di metà dei seggi. BELLOSTA, *Le "squadre" in Consiglio*, cit., pp. 32-33.

nei tre schieramenti – Scotti, Fontana - Fulgosi e Landi - Anguissola – che dimostrarono così di essere già determinanti e ben radicati nella vita cittadina[95].

Nel 1385, Gian Galeazzo promosse una nuova riforma del Consiglio generale: i consiglieri diventavano centocinquanta, suddivisi nelle cinque squadre cittadine: Fontana, Fulgosi, Landi, Anguissola e Scotti; questi ultimi disponevano però di cinquanta seggi, contro i venticinque degli altri partiti, mantenendo così le proporzioni dell'equilibrio a tre degli anni precedenti, ma su basi di rappresentanza leggermente diverse. Questa partizione a cinque rimase in vigore fino ai primi anni del Quattrocento, salvo poi stabilizzarsi sul numero di quattro squadre (Scotti, Fontana – Arcelli, Landi e Anguissola), che si mantenne anche nell'età sforzesca[96].

Elemento costante nella ripartizione in squadre fu la prevalenza riconosciuta alla parte scottesca, che tra fine XIII e inizio XIV secolo aveva visto il suo leader, Alberto Scotti, nel ruolo di signore della città.

La gestione interna delle squadre non era identica per tutte: se Anguissola e Fontana – Fulgosi tendevano ad avere una visione più collegiale del potere, Landi e Scotti vedevano l'autorità concentrata nelle mani degli appartenenti al ramo principale della famiglia, in un'ottica più centralizzata. Il titolo di capoparte era considerato quasi un "bene patrimoniale", che andava trasmesso di padre in figlio; questo non impedì però scontri interni tra i membri di una stessa parentela, che si verificarono in diverse occasioni[97].

L'influenza che le parti esercitavano sulla vita politica era, soprattutto a partire da fine Trecento, informale, in quanto gli esponenti più in vista della fazione non sedevano in consiglio, ma lo controllavano dall'esterno; questo non significa però che la loro esistenza non fosse riconosciuta: come si è già visto, Piacenza fu una delle due città (assieme a Parma) a prestare *per squatram* il giuramento al giovane Giovanni Maria Visconti

---

95 CASTIGNOLI, *Dal governo di Azzone*, cit., p. 52.
96 Va sottolineato, però, che, al momento della dedizione della città a Francesco Sforza, gli Anziani proposero una riforma dei consigli che andava nella direzione di un accantonamento del sistema a squadre a favore del ritorno alla ripartizione su base territoriale dei seggi; proposta che fu lasciata cadere dallo Sforza, il quale continuò ad appoggiarsi alle fazioni nella prassi di governo. Rif. BELLOSTA, *Le "squadre" in Consiglio*, cit., pp. 3-11.
97 Ivi, pp. 43-46.

▲ Rappresentazione di Bernabò Visconti a cavallo nell'atto di accogliere gli inviati di Papa Innocenzo VI

nel 1403[98]. Il sistema non coinvolgeva soltanto i consigli, ma anche gli offici comunali, ripartiti secondo uno schema articolato: tre cancellieri, dettatori, ragionieri e banditori erano nominati da ciascuna delle tre squadre trecentesche[99]; corrieri e deputati sulle tasse del sale e dei cavalli erano invece eletti dalle quattro fazioni secondo una suddivisione paritaria[100].

Perché le squadre riuscirono a resistere così a lungo e a monopolizzare le istituzioni piacentine? Una risposta si può trovare certo nella già segnalata pervasività del sistema fazionario a tutti i livelli e nella forte solidarietà e comunanza di interessi generata dalla vicinanza fisica delle abitazioni e attività dei membri degli schieramenti. Ma questo non basta. Le fazioni erano infatti un importante strumento di collegamento tra le realtà locali e le autorità centrali, il principale referente del duca in città: il principe non aveva interesse a distruggere le squadre, in quanto queste gli assicuravano un inquadramento della popolazione che, lasciata a sé, avrebbe potuto coalizzarsi contro di lui. Partiti e signore avevano bisogno gli uni dell'altro, poiché i primi vedevano così tutelati e legittimati i propri interessi, mentre il secondo necessitava di appoggio e fedeltà nella gestione delle realtà periferiche. I provvedimenti promossi in città (fatta eccezione per le Sante Unioni, di cui si parlerà più avanti) contro le squadre avevano come obiettivo non la loro eliminazione, ma quello di renderle «più docili strumenti di mediazione e di governo nelle mani del duca, disciplinandone le attività e contenendone in termini accettabili gli eccessi»[101].

Si può quindi affermare che a Piacenza le squadre furono la vera struttura portante delle istituzioni cittadine, almeno fino ai primi decenni del Cinquecento. I poteri locali furono la vera forza dominante nella città, anche nei momenti più critici, basti pensare al tormentato periodo successivo alla morte di Gian Galeazzo Visconti: tra 1404 e 1418 si alternarono a Piacenza ben otto diverse dominazioni e gli scontri fra signori locali e delle città vicine furono all'ordine del giorno; ma il vero potere rimase nelle mani dei castellani e dei feudatari, che impedirono ai signori cittadini di avere il controllo del contado piacentino[102].

---

98 GAMBERINI, *La città assediata*, cit., p. 68.
99 Ovvero, Scotti, *Bardelli* e ghibellini: questi ultimi, a loro volta, si ripartivano le nomine, riservando ai Landi dettatori e banditori, mentre i ragionieri spettavano agli Anguissola.
100   BELLOSTA, *Le "squadre" in Consiglio*, cit., pp. 34-35.
101   Ivi, p. 53.
102   Si veda D. ANDREOZZI, *La crisi del Ducato di Milano e i suoi riflessi nel Piacentino fino all'ascesa di Filippo Maria Visconti*, in *Storia di Piacenza*, vol. III, cit., pp. 91-108.

▲ Un'altra veduta della Pusterla di Sant'Ambrogio, ritraente i due archi che caratterizzano la porta. Nel 1385 Bernabò Visconti venne attirato nei pressi della costruzione dal nimpote Gian Galeazzo, che lo fece arrestare a tradimento

Pavia

Ultima grande città ad entrare a far parte del cosiddetto Stato visconteo fu Pavia, da sempre grande rivale di Milano. Entrambi i centri avevano avuto un passato glorioso e goduto di posizione di spicco all'interno di precedenti formazioni statali. Ex capitale longobarda, Pavia era molto legata alla sua tradizione regia e teneva particolarmente a conservare uno status alto, nonché la sua autonomia ed indipendenza.

L'influenza dei Visconti sul governo cittadino si era già fatta sentire negli anni Venti del Trecento, quando Matteo I aveva tentato di espandere la sua autorità in Lombardia, facendo leva sui rapporti d'amicizia con le altre famiglie ghibelline della zona: in particolare, a Pavia egli fu vicino e sostenne le ambizioni dei Beccaria, esponenti di spicco del partito filoimperiale. Il Visconti ricoprì l'incarico di podestà cittadino tra 1316 e 1319 ed in seguito prese titolo di *dominus generalis civitatis Papie*: la svolta autoritaria che il signore milanese stava provando ad imporre in città venne però prontamente ostacolata dai pavesi, che lo fecero desistere dal suo proposito; per il quarantennio seguente, i Visconti puntarono ad un controllo della città di tipo diverso, basato sull'appoggio dato alla famiglia Beccaria nel suo tentativo di dominare le istituzioni cittadine.

Perché la città entrasse a far parte del dominio visconteo, si dovette attendere il 1359, quando, dopo un lungo assedio e una strenua resistenza opposta dai cittadini (coordinata da frate agostiniano Iacopo Bussolari), Galeazzo II riuscì a farvi il suo ingresso. Questo cambio al vertice non sminuì il prestigio della città, rendendola una delle tante sottoposte al governo milanese, anzi: i Visconti ne valorizzarono la tradizione regia e investirono molte energie e risorse nell'abbellimento del centro urbano[103]. La decisione, presa a pochi mesi dalla conquista, di costruirvi un castello imponente segnalò in modo chiaro le intenzioni della dinastia: Pavia sarebbe stata la "seconda capitale" dello Stato visconteo[104], luogo di residenza spesso poi privilegiato rispetto alla stessa Milano.

Altro elemento che contribuì a dare alla città un ruolo di spicco fu la fondazione dello Studio generale, approvata nel 1361 dall'imperatore Carlo IV: l'élite degli studiosi di Diritto si formò qui e fece di Pavia un importante centro di produzione di cultura giuridica.

Diverse erano le famiglie pavesi di antica tradizione: la maggior parte di esse rivestiva ruoli di prestigio all'interno della vita politica cittadina, aveva legami con le principali istituzioni ecclesiastiche e disponeva di vasti patrimoni territoriali nel contado.

Uno dei principali casati era indubbiamente quello dei Beccaria. Leader dello schieramento ghibellino, legati ai Visconti da rapporti di amicizia e solidarietà politica sin da inizio Trecento, gli esponenti di questa famiglia rivestirono un ruolo di primo piano nella vita della città, sin dall'età comunale. Di orientamento guelfo erano invece i discendenti dei conti palatini di Lomello, divisi nel tempo in diversi rami, tra i quali posizione di spicco rivestirono i conti di Langosco, principali rivali dei Beccaria nel governo cittadino.

Entrambe le famiglie ebbero, nella prima parte del XIV secolo, occasione di governare la città in modo più o meno riconosciuto. Nel 1290, Manfredo Beccaria assunse per dieci anni l'incarico di *potestas populi mercandie et collegii notariorum*, ritrovandosi così a godere di una posizione di rilievo, ma legittimata dal corpo civico; i primi quindici anni del Trecento videro invece al comando delle istituzioni cittadine i Langosco, che formarono un governo di parte guelfa e inserirono la città nell'orbita angioina; a partire dal 1316, i Beccaria tornarono ai vertici, esercitando una sorta di «cripto-signoria» su Pavia[105], che coinvolse però, a differenza del governo dei rivali, entrambe le parti politiche, nonché il Popolo, nella gestione della Cosa pubblica.

Tra le altre famiglie di antica tradizione i cui esponenti rivestirono ruoli di rilievo in città, va nominata perlomeno quella dei Sannazzaro, anch'essa divisa in più rami, di orientamento principalmente guelfo. Tutti questi casati disponevano di ampi possedimenti nel distretto pavese, dove avevano solide basi spesso anche

---

103 Si veda, per una panoramica sull'argomento, M. N. Covini, *Pavia dai Beccaria ai Visconti – Sforza. Metamorfosi di una città*, in *Le subordinazioni delle città comunali a poteri maggiori in Italia dagli inizi del secolo XIV all'ancien régime. Risultati scientifici della ricerca*, a cura di M. Davide, Trieste, CERM, 2014, pp. 45-67; in particolare, pp. 52-57.
104 La tradizione regia di Pavia e le sue memorie di un passato prestigioso influirono sullo sviluppo del dominio visconteo in senso regale, fornendo ispirazione e modello: «Il "sogno regio dei Visconti" – secondo la felice formula coniata da Aldo A. Settia – si nutrì di simboli, di riferimenti culturali, di ambizioni monarchiche che guardavano alle esperienze d'Oltralpe, ma che dall'antica tradizione di Pavia traevano origine e fondamento» (Covini, *Pavia dai Beccaria ai Visconti – Sforza*, cit., pp. 59-60; citazione p. 60).
105 Ampio spazio sull'argomento e sulla sua declinazione pavese si trova in R. Rao, *Signori di popolo. Signoria cittadina e società comunale nell'Italia Nord-occidentale 1275-1350*, Milano, Franco Angeli, 2012; in particolare pp. 57-68, 91-140.

emancipate dal centro urbano; tuttavia, mentre nel contado erano soliti perseguire anche con aggressività e spregiudicatezza i propri obiettivi, essi si mossero sempre con grande prudenza nelle vicende strettamente cittadine, evitando di sconvolgere le istituzioni e le tradizioni autonomistiche: i Beccaria, ad esempio, arrivarono a governare la città pressoché come signori, ma non ebbero mai un ruolo riconosciuto ufficialmente come tale; la loro caduta, attorno al 1356, fu dovuta principalmente ad una reazione della popolazione alla svolta più autoritaria che i giovani membri della parentela stavano imponendo al loro potere.

Il corpo politico era dunque chiaramente diviso in due schieramenti, guelfi e ghibellini (qui identificati come *albi* e *nigri*), i quali si spartivano in modo equo e paritario tanto i seggi nelle assemblee quanto tutte le magistrature e gli offici comunali. All'arrivo dei Visconti, la situazione non fu soggetta a cambiamenti: «una volta divenuto signore di Pavia, Galeazzo II, mantenendo le precedenti suddivisioni della società cittadina, ordinò che si eleggessero nei Consigli "tot de Gibellinis quote de Guelfis"»[106], sia nella città, sia negli altri centri importanti del distretto, quale, per esempio, Voghera.

Le principali assemblee cittadine furono, anche a Pavia, Consiglio generale, di 200 membri, e Consiglio di Provvisione, composto da dodici Sapienti; interessante è notare come l'importanza del Consiglio maggiore fosse calata velocemente nel tempo: nell'elenco dei consiglieri comunali del 1374, infatti, si registra, tra gli esponenti dei grandi casati signorili, la presenza del solo Riccardino Langosco (oltre a qualche Sannazzaro); se si tiene conto che, nella stessa assemblea, molti erano i rappresentanti dei ceti più umili, viene spontaneo pensare che «i giochi politici si svolgessero al di fuori del Consiglio Generale»[107].

La linea seguita da Galeazzo II venne perseguita anche da suo figlio Giangaleazzo: durante il suo governo, le fazioni continuarono ad essere coinvolte e a rivestire un ruolo di primaria importanza nella vita politica cittadina[108]. Anche in questa città, il Duca volle monitorare gli schieramenti e la loro consistenza: nel 1399, in particolare, richiese un elenco delle famiglie pavesi, dove doveva essere specificata l'appartenenza fazionaria delle stesse[109].

Alla morte del Visconti, la città venne travolta in turbine di disordini e rivolte, che coinvolsero in modo particolare le campagne, contese tra le grandi famiglie aristocratiche. A destare preoccupazione nei pavesi erano soprattutto i Beccaria, ancora molto potenti e con l'ambizione di rinstaurare un potere signorile in città. Pavia era stata creata contea nell'età giangaleazziana e destinata al secondogenito Filippo Maria: questi si stabilì sin da principio in castello, ma, complice anche la sua giovanissima età, si trovò di fatto sottoposto alla tutela – controllo di Castellino Beccaria. Nei frenetici anni tra il 1402 e il 1412, vennero confermati privilegi esistenti ed elargite nuove concessioni alle principali parentele pavesi, che mantennero il controllo della vita politica: Beccaria e Langosco conservarono, in particolare, la prerogativa di poter eleggere gli ufficiali comunali[110].

Appena riuscì a prendere il controllo e a rafforzare il proprio potere sulla città[111], il giovane Visconti prese provvedimenti decisi contro i casati ribelli e, in particolar modo, contro i Beccaria che l'avevano tenuto in scacco per anni: essi vennero privati della possibilità di influenzare l'elezione dei consigli e di diversi diritti giurisdizionali; molte proprietà vennero loro confiscate; in alcuni casi, si arrivò anche all'eliminazione fisica dei ribelli (es. Lancillotto venne giustiziato nel 1418). La stessa classe dirigente venne sottoposta a parziali cambiamenti, in seguito all'immissione di personaggi milanesi e alla promozione di alcune famiglie pavesi di basso profilo[112].

---

106   E. Roveda, *Le istituzioni e la società in età visconteo – sforzesca*, in *Storia di Pavia*, vol. III – *Dal libero comune alla fine del principato indipendente (1024-1535)*, t. I - *Società, istituzioni, religione nelle età del Comune e della Signoria*, Milano, Banca del Monte di Lombardia, 1992, pp. 55-115; citazione a p. 59.

107   Ivi, p. 60.

108   Durante la cerimonia di investitura ducale, che tenne luogo il 3 febbraio 1397 nella piazza del Regisole, i sei sindaci incaricati del giuramento di fedeltà a Giangaleazzo erano divisi equamente tra le due parti (vedi Roveda, *Le istituzioni e la società*, cit., p. 67).

109   Ivi, p. 65; l'elenco del 1399 è riportato in appendice alle pp. 112-115, a sua volta ripreso da F. Fagnani, *Guelfi e ghibellini di Pavia in una relazione ufficiale del 1399*, «Bollettino della Società Pavese di Storia Patria», 64, 1964, pp. 40-44.

110   Roveda, *Le istituzioni e la società*, cit., p. 72.

111   Nel 1412, in seguito alla morte di Facino Cane, che si era proclamato signore di Pavia due anni prima.

112   Tra le famiglie milanesi interessate abbiamo, ad esempio, Vimercati, Landriano e Cotta; altra importante decisione fu quella di affidare due posizioni importanti, come Voghera e Garlasco, a persone di fiducia del Duca, quali i Dal Verme e i Castiglioni (cfr. Roveda, *Le istituzioni e la società*, cit., pp. 77-78). Per quanto riguarda la promozione di parentele di bassa estrazione, caso esemplare fu quello degli Eustachi, la cui scalata cominciò con Pasino ai tempi di Filippo Maria e continuò con successo in età sforzesca (Ivi, pp. 81-82).

Filippo Maria promosse anche qui la sua battaglia contro la divisione in fazioni, puntando all'assegnazione di cariche su base censitaria; «sappiamo tuttavia che la suddivisione in *albi* e *nigri*, corrispondente a quella tra guelfi e ghibellini, rimase anche in periodo sforzesco»[113]: il sistema fazionario era anche a Pavia troppo pervasivo e radicato perché potesse essere scardinato così velocemente.

Alla morte del duca, la città conobbe una brevissima parentesi repubblicana, ma si convertì ben presto alla causa di Francesco Sforza, a cui si affidò già nel settembre 1447. Il condottiero non si schierò contro la divisione in fazioni (che si mantenne per tutta l'età sforzesca); la composizione dei consigli comunali non subì particolari mutamenti rispetto a quella del periodo visconteo e molte famiglie si videro reintegrate nei propri beni, confiscati sotto l'ultimo Visconti.

Si verificò inoltre un'intensificazione degli studi giuridici, che portò a una maggior preparazione della classe dirigente, la quale ebbe diverse possibilità di carriera, sia a livello sovracittadino (negli offici e nella diplomazia statale), sia a livello locale, sempre in linea con la volontà ducale.

---

113 Ivi, p. 78.

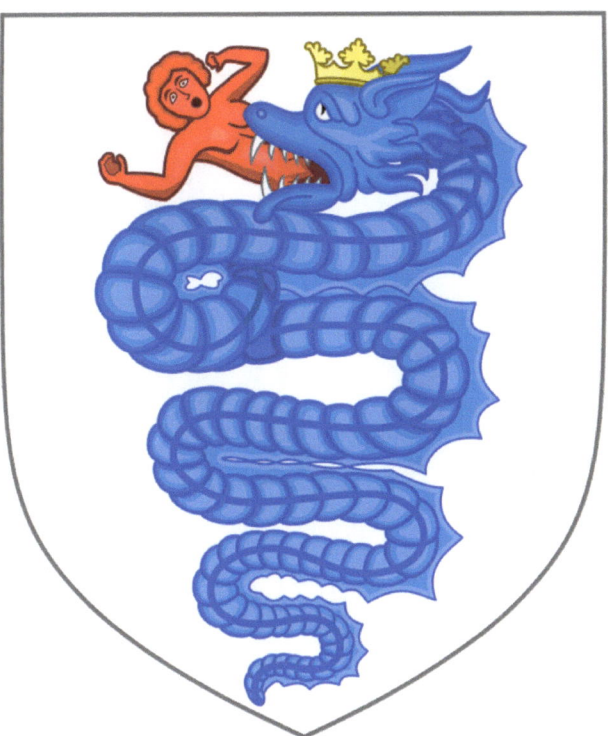

▲ Altra raffigurazione del biscione visconteo, effigiata sopra uno scudo

▲ Scontro fra guelfi e ghubellini toscani. Tavola di Luca Cristini Da modelli di Mario Venturi.

"OLTRE LE FAZIONI"

Si è visto dunque come l'ingresso delle diverse realtà locali nella compagine viscontea produsse dei cambiamenti significativi all'interno delle dinamiche cittadine e costrinse le potenti famiglie aristocratiche a confrontarsi con i nuovi signori e viceversa. Il rapporto fra questi due soggetti non fu lineare e omogeneo, ma variò da zona a zona e da principe a principe: se in alcuni casi ci fu comunione o quanto meno convivenza tra i due elementi, in altre situazioni lo scontro fra gli attori in scena fu netto.

Si cercherà, nelle pagine seguenti, di evidenziare tre particolari momenti della storia dello Stato visconteo – sforzesco. Il primo fu il governo di Bernabò Visconti, nella seconda metà del Trecento: principe sanguigno e determinato, egli si oppose alle parti per imporre la propria autorità suprema; trovatosi nell'impossibilità di estirpare in modo netto qualsiasi ambizione signorile degli esponenti delle famiglie altolocate, decise di appoggiarsi esclusivamente "ai suoi" (i ghibellini) per governare, confinando ed escludendo (o almeno provandoci) gli avversari guelfi.

Secondo momento esaminato sono gli anni Trenta – Quaranta del Quattrocento, che videro la fusione della visione politica di Filippo Maria Visconti e delle evoluzioni del pensiero giuridico in materia di parzialità con le richieste di pace provenienti dalla popolazione e la predicazione osservante, che in quegli anni si diffondeva in tutta la penisola incitando alla concordia: prodotto originale di questo periodo, oltre a decreti generali emanati dal principe, furono le cosiddette «Sante Unioni», giuramenti collettivi volti a preservare concordia fraternità e unità all'interno delle città, abolendo così qualsiasi forma di parzialità, vista come fonte di ogni male e strumento di Satana.

Infine, si vedrà il tentativo portato avanti da Ludovico il Moro a fine Quattrocento per il superamento dell'appartenenza fazionaria come criterio per l'accesso alle cariche pubbliche e di governo: analizzando le specifiche situazioni di Lodi e, soprattutto, di Parma, si evidenzieranno le linee di fondo del suo programma, precursore in un certo senso delle trasformazioni poi concretizzatesi nel secolo successivo in altro contesto politico.

BERNABÒ VISCONTI, «*PRINCIPE PARZIALE*»

Alla morte dell'arcivescovo Giovanni (1354), il suo dominio venne ripartito tra i tre nipoti[1], che conservarono però la signoria congiunta su Milano. La morte di Matteo, avvenuta a un solo anno di distanza da quella dello zio[2], portò ad una nuova suddivisione dei territori: Bernabò ottenne la fascia orientale, mentre Galeazzo si stabilì a occidente[3]; la capitale restò proprietà comune, anche se i due fratelli, diversi per atteggiamento e temperamento, si stabilirono in zone diverse, bipartendo così la città.

I centri di Cremona, Bergamo, Brescia, Lodi e Parma, con le relative pertinenze[4], si trovarono così sotto la signoria dell'impetuoso Bernabò, il cui governo segnò un cambio di direzione rispetto al periodo precedente. Gli aspetti che il cambiamento investì furono molteplici, dalla percezione della figura del principe e delle sue prerogative ai rapporti nei confronti delle forze locali; in modo particolare, ai fini del nostro discorso, interessante è l'inversione di rotta operata dal signore nel rapporto con le fazioni.

Nel trentennio in cui il Visconti fu al potere, il contesto internazionale si rivelò decisamente turbolento: scontri e guerre furono una costante di tutto il periodo e videro il coinvolgimento delle diverse potenze della penisola, dalle signorie settentrionali al papato[5]; queste tensioni si rifletterono ovviamente anche all'interno

---

[1] I tre figli di Stefano Visconti, fratello di Giovanni, erano già stati associati al governo dallo zio nel 1349, dopo essere stati richiamati dall'esilio che aveva comminato loro Luchino.

[2] Sulla morte di Matteo, dai più attribuita agli eccessi e alle sregolatezze della sua condotta, resta un alone di mistero, dovuto alle accuse lanciate dalla madre (e riportate dal Corio) ai due fratelli del defunto: questi avrebbero, a suo avviso, avvelenato il primogenito per liberarsi di lui. Le cause di questo gesto sarebbero da rintracciare in alcune esternazioni di Matteo, il quale avrebbe espresso in modo piuttosto chiaro di non gradire il dover condividere il potere con Bernabò e Galeazzo. F. COGNASSO, *L'unificazione della Lombardia sotto Milano*, in *Storia di Milano*, vol. V - *La Signoria dei Visconti 1310-1392*, Milano, G. Treccani degli Alfieri, 1955, pp. 362-363.

[3] La divisione tra i due fratelli era in linea anche con le rispettive scelte in ambito matrimoniale: Bernabò si era infatti legato a Regina della Scala, che gli aprì la strada verso i domini veneti degli Scaligeri, mentre Galeazzo II sposò Bianca di Savoia, sorella di Amedeo VI.

[4] Ovvero, Crema, Soncino, la Val Camonica, Riviera del Garda, Rivalta, Vaprio e Caravaggio.

[5] I rapporti tra Bernabò e i pontefici non furono certo dei migliori: ai numerosi tentativi d'espansione del Visconti verso il centro Italia, il papa rispose

del cosiddetto stato visconteo, sia per le ricadute economiche[6], sia perché determinarono un rinvigorimento dei conflitti tra le parti, tanto all'interno delle città quanto nei territori circostanti. L'atteggiamento risoluto di Bernabò, che guidò i suoi domini con autorità, spesso approvando provvedimenti in contrasto con la popolazione cittadina e operando più volte in disaccordo con le tradizioni locali[7], non favorì certo l'appianamento delle tensioni: in alcuni casi, al contrario, contribuì ad aggravare ulteriormente la situazione e a radicalizzare i conflitti, come si vedrà più oltre. Il Visconti si differenziò da fratello e predecessori per diversi aspetti. Innanzitutto, egli vide le città a lui assegnate come dei possedimenti personali, da trasmettere ereditariamente ai figli e da gestire in totale autonomia: al contrario di Galeazzo II, che percepì il suo "stato" come un'unità[8], Bernabò seguì un modello decentrato, in cui ogni centro urbano aveva un suo governo locale[9]. Ruolo particolare nell'operato politico del principe milanese rivestì la giustizia[10], declinata però secondo un'accezione diversa rispetto a quella delineata dal fratello: mentre questi, infatti, interpretava il suo potere in un'ottica legalista, per cui il rispetto del diritto comune e delle consuetudini locali era messo innanzi alla volontà particolare del signore, quello la vedeva come sua prerogativa esclusiva. Questa visione della giustizia, sommaria e arbitraria, era sì motivata dalla necessità di Bernabò di legittimare e tutelare il suo potere, vacillante sotto gli attacchi perpetrati dalle altre potenze italiane, le scomuniche comminateli dal papa e, soprattutto, la revoca del vicariato imperiale (1358, 1366), ma anche dalla volontà del *dominus* di proporre un'immagine nuova di principe[11], più svincolato dalla tradizione legislativa e con prerogative più ampie.

La percezione di se stesso come incarnazione della grazia e fonte suprema del diritto determinò la politica da lui seguita nelle varie città del dominio: tra i primi provvedimenti adottati nei diversi centri urbani ci fu infatti l'imposizione di una riforma degli statuti. I cambiamenti apportati in ambito istituzionale si mossero in una direzione completamente diversa rispetto a quella seguita dai suoi predecessori e dal fratello: se, infatti, a partire dal governo di Azzone la politica tenuta dai Visconti nei confronti delle città suddite aveva avuto come obiettivo primario il reintegro dei fuoriusciti nei beni e nei diritti e la pacificazione delle parti, operazione che comportò un progressivo coinvolgimento delle fazioni nelle istituzioni locali - e così era ancora nei centri posti sotto la signoria di Galeazzo II[12] -, Bernabò cercò di sradicare il modello fazionario, riducendo il più possibile gli spazi di intervento per gli schieramenti di parte. Ampi furono i rimaneggiamenti operati nella composizione delle

---

ricorrendo ad armi fisiche e spirituali.

6 È risaputo come i costi delle continue guerre, che impegnavano ingenti forze militari, ricadessero principalmente sulle città suddite, sottoposte ad una pressione fiscale sempre crescente.

7 Gli aspetti della sua politica che suscitarono tensioni e malcontenti furono molteplici. Tra questi: i già citati provvedimenti in campo fiscale, che misero in difficoltà diversi centri; la cessione di territori extracittadini e/o la loro separazione giuridica dalla città cui erano legati (in modo particolare, si vedano le dinamiche bresciane in PAGNONI, *Brescia viscontea*, cit., soprattutto pp. 142-155); la concessione della cittadinanza a stranieri con una certa facilità (per Cremona, GENTILE, *Dal Comune cittadino*, cit., p. 285; per Brescia, PAGNONI, *Brescia viscontea*, cit., p. 121; per Bergamo, P. MAINONI, *Le radici della discordia: ricerche sulla fiscalità a Bergamo tra XIII e XV secolo*, Milano, UNICOPLI, 1997, p. 127). Buona parte di queste procedure non furono esclusive di Bernabò, ma già messe in pratica dai suoi predecessori: nel suo caso, però, vennero intraprese con maggior vigore e in un contesto carico di tensioni. Se Azzone aveva cercato di mediare con compromessi, il nuovo signore fu molto più deciso nella sua azione, tenendo in scarsa (se non nulla) considerazione le opposizioni provenienti dalla popolazione.

8 Tanto che, dopo la conquista della città nel 1359, fece di Pavia la "capitale" del suo stato, avviando immediatamente opere di costruzione importanti, quali il celeberrimo castello. Sulla stessa linea di pensiero si mosse il figlio Gian Galeazzo, che portò agli estremi la concezione regale del potere, sulla scia dell'evoluzione in senso monarchico che stavano intraprendendo anche altri stati europei.

9 Bernabò affidò il governo delle città alla moglie (nel ruolo di *consors domini*) e ai figli: così la luogotenenza di Cremona fu affidata a Ludovico (1366), così come quella di Lodi negli anni Settanta; a Parma si stabilirono prima Rodolfo e poi Carlo; Bergamo venne affidata a Rodolfo; Brescia vide divisa la città dalle aree extraurbane e dunque una pluralità di reggenze.

10 A dimostrazione della rilevanza che la giustizia assunse nella politica bernaboviana, resta a noi il celebre monumento equestre commissionato dal Visconti per celebrare la sua gloria. A fianco del signore, quasi a mo' di scorta, sono rappresentate le due virtù cardinali, Fortezza e Giustizia (la scelta di non includere Prudenza e Temperanza certo non lascia perplessi!): la seconda presenta tre caratteristiche che riflettono l'interpretazione che di essa voleva dare il *dominus*: sulla veste della donna, si notano le iniziali HB (*honor Bernabovis*), a ribadire l'intima connessione tra la politica e l'essenza del pensiero del Visconti e questa virtù; la bilancia, simbolo di equità; la spada, segno di una visione concreta della giustizia, con risvolti anche punitivi. Per una prima descrizione del monumento equestre di Bernabò Visconti e delle sue vicende, si veda E. S. WELCH, *Art and authority in Renaissance Milan*, New Haven, Yale University Press, 1995, in particolare pp. 18-24. Sull'*honor Bernabovis* e la particolare idea di giustizia del Visconti, si rimanda a GAMBERINI, *La città assediata*, cit., pp. 249-258.

11 GAMBERINI, *La città assediata*, cit., pp. 253-256.

12 Il quale, ad esempio, promosse la divisione dei consigli pavesi tra *albi* e *nigri* appena ebbe conquistato la città.

assemblee cittadine: il numero dei componenti del Consiglio maggiore fu modificato pressoché ovunque[13], secondo uno schema opposto a quello adottato dai suoi predecessori. Se le riforme di Giovanni erano infatti andate nella direzione di garantire equa rappresentanza ai molteplici schieramenti cittadini, quelle di suo nipote ebbero come obiettivo quello di rompere questa logica: particolarmente illuminante a riguardo è il caso cremonese, dove il consiglio dei 152 (di cui 150 eletti secondo le tre parti in cui si divideva la popolazione) fu

---

13 Così a Cremona (GENTILE, *Dal Comune cittadino*, cit., p. 284), a Brescia (PAGNONI, *Brescia viscontea*, cit., pp. 118-119) e a Lodi.

▲ Bernabò Visconti rappresentato accanto alla moglie, Beatrice Regina della Scala, in un affresco realizzato da Andrea di Bonaiuto intorno all'anno 1365, e collocato presso la Basilica di Santa Maria Novella a Firenze

abolito e sostituito da un'assemblea di duecento, difficilmente ripartibili per fazioni[14].

Significativo fu anche l'atteggiamento tenuto da Bernabò nei confronti degli Anziani. In diverse città, la naturale evoluzione delle istituzioni stava andando nella direzione di un passaggio di funzioni dal Consiglio maggiore a quello minore, che si vide così progressivamente investito di poteri sempre maggiori: il Visconti favorì questa tendenza, affidando il ruolo di interlocutore del principe a questa assemblea ristretta. La decisione era motivata da diversi fattori: innanzitutto, la costituzione di un gruppo più compatto e contenuto permetteva al signore convocazioni più frequenti e tempi di consultazione più rapidi, che portavano ad una maggior dinamicità dell'azione di governo; alla riduzione quantitativa dei consiglieri, si accompagnò inoltre un miglioramento qualitativo degli stessi, che vennero sempre più identificati nel novero degli specialisti del diritto (andando così in direzione di una professionalizzazione dell'assemblea, piuttosto che di una rappresentazione equa delle parti). Particolarmente rilevante, a questo proposito, è il caso di Brescia, che svela anche alcune delle motivazioni che stavano alla base delle scelte del signore. Lo schieramento guelfo cittadino, memore dei propri trascorsi al governo e consapevole del folto seguito di cui disponeva all'interno delle mura urbane, si manteneva su posizioni prevalentemente ostili al Visconti e conservava forti ambizioni di ritorno ai vertici istituzionali: la scelta di Bernabò di affidare pieni poteri al Consiglio ristretto era motivata dalla volontà di porre dei freni ad un'assemblea generale dove la presenza degli esponenti di questa parte era molto significativa e poteva osteggiare la politica del principe; venne così espressamente richiesto che i venti Anziani fossero selezionati tra i cittadini «et ydonei et sufficientes», ma soprattutto che fossero il «minus partiarii» possibile[15].

Mi si permetta di inserire a questo punto del discorso una breve parentesi sul caso reggiano, parzialmente diverso da quello degli altri centri retti da Bernabò, ma al tempo stesso conferma della sua linea politica e della sua visione della figura del principe.

Reggio entrò a far parte del dominio bernaboviano nel 1371, in seguito ad un'azione armata: situazione diversa, quindi, rispetto a quella in cui si trovavano le altre città del dominio, che avevano già sperimentato più o meno lunghe esperienze di governo visconteo. All'arrivo del nuovo principe, i reggiani agirono prontamente: in tempi molto brevi, infatti, appellandosi e rifacendosi ad una lunga tradizione in merito, gli presentarono dei capitoli di dedizione, con i quali speravano di poter ristabilire la supremazia cittadina sul contado e di contenere l'azione delle famiglie dell'aristocrazia rurale. «I *cives* entrarono direttamente nel merito della prassi di governo, provando a strappare al *dominus* una serie di impegni che ne dovevano non solo ispirare la condotta [...], ma anche circoscrivere l'azione entro un confine preciso. Cercarono dunque di limitare la *potestas condendi leges* del signore, [...] anche sul versante fiscale i *cives* provarono a porre qualche paletto, [...] né meno decisa fu la posizione della comunità cittadina intorno all'attribuzione del *privilegium civilitatis* [...]. Ma senza nessuna fortuna. Netti rifiuti, risposte elusive, tutt'al più sporadiche concessioni intorno a questioni assai circoscritte»[16]. In modo molto esplicito, Bernabò ribadì in quest'occasione la propria linea di governo: nessuno spazio per compromessi e contrattazione, ma superiorità del signore e della sua volontà, che non poteva piegarsi a mediazioni imposte dal basso. L'opposizione netta alle proposte avanzate stava nell'incompatibilità di questa procedura con la concezione che il Visconti aveva del proprio ruolo, non tanto nel contenuto delle richieste: alcune di queste vennero infatti tradotte in atto dal signore, ma sotto forma di "concessioni graziose"[17].

Dunque una nuova concezione della giustizia e del potere e un diverso atteggiamento nei confronti delle città suddite. Come si è già accennato parlando dei consigli, Bernabò intraprese (o perlomeno provò ad intraprendere) una politica differente rispetto ai suoi predecessori anche in materia di fazioni. Se, a partire dagli anni Trenta-Quaranta, la linea era stata, una volta preso atto della pervasività delle parti e della loro presa sulla popolazione[18], quella di coinvolgere gli schieramenti cittadini nelle istituzioni urbane (ad

---

14 Allo stesso modo i Dodici divennero venti, così da non essere ripartibili perfettamente secondo i tre schieramenti. GENTILE, *Dal Comune cittadino*, cit., p. 284.
15 Ampi riferimenti sul caso di Brescia sempre in PAGNONI, *Brescia viscontea*, cit., pp. 117-120 (citazioni p. 118).
16 GAMBERINI, *La città assediata*, cit., pp. 256-257.
17 L'interpretazione della figura del principe come «dispensatore di giustizia» che diede Bernabò Visconti fu quella di un sovrano generoso, concessore di grazie ai propri sudditi: in questa direzione andò anche la sua decisione di riservare un luogo del palazzo comunale di Reggio alla raccolta di suppliche destinate al signore, dando così la possibilità a tutti i cittadini (compresi quelli che non potevano recarsi personalmente a Milano) di far giungere le proprie richieste al Visconti. Ivi, p. 253.
18 Non dimentichiamo che la peculiarità delle fazioni era sì la loro capacità di creare un legame tra città e contado, ma soprattutto la

esempio, assicurando loro equa rappresentazione nei consigli), il nuovo signore scelse un atteggiamento completamente diverso.

Come si è già accennato, le città assegnate a Bernabò al momento della partizione del dominio avevano in molti casi un importante passato guelfo alle spalle; gli esponenti di questa parte spesso potevano ancora disporre di un vasto seguito tanto nel centro urbano quanto nel contado e, soprattutto, conservavano ancora forti ambizioni di poter tornare ai vertici della vita politica. Il nuovo signore dimostrò subito di mal tollerare queste aspirazioni e le ingerenze nel "suo" governo: per far fronte a questa situazione, adottò una linea completamente diversa dagli altri suoi familiari, ovvero scelse di dare appoggio ed esclusivo favore alla "sua" parte, quella ghibellina.

Si assisté così ad un'inversione di rotta, ad una sorta di ritorno ai primi decenni del Trecento, quando gli scontri tra fazioni erano la quotidianità; le città e le campagne del dominio vennero scosse da un riaccanimento dei conflitti di parte, che, complice anche l'influenza delle tormentate vicende che la penisola italiana stava vivendo in quel periodo, portarono in molti casi a situazioni pressoché insostenibili.

Come si manifestò questo appoggio in modo concreto? A quali risultati portò? La politica seguita da Bernabò fu in linea di principio la stessa in tutte le città, ma si sviluppò in modi differenti caso per caso, a seconda del diverso contesto locale.

A Cremona, che ricordiamo essere divisa in tre fazioni, il signore mantenne buoni rapporti con tutte le parti, per quanto i maggiori riconoscimenti fossero da lui concessi ai Pallavicino (e specialmente ad Oberto); la lotta alle fazioni si combatté qui soprattutto all'interno dei consigli, come si è visto; in generale, non vennero presi provvedimenti drastici: la presenza di un terzo schieramento, che Bernabò si premurò di portare dalla sua parte, mise in una posizione meno dominante i guelfi, che dunque non furono particolarmente colpiti dai provvedimenti del signore.

Ben diversa la situazione di Bergamo, dove la parzialità fu molto più sentita; particolarmente critica fu l'area alpina, in cui la conflittualità non era mai totalmente sopita. Come si è già accennato nel capitolo precedente, il grave problema delle valli bergamasche fu la sproporzione tra castelli signorili, che si moltiplicavano esponenzialmente, e presidi viscontei, in numero davvero ridotto: se la politica di Giovanni era stata quella di favorire la presenza di truppe e officiali podestarili nel contado[19], il nipote si mosse ancora una volta in direzione completamente opposta. Il Visconti fronteggiò infatti la situazione assumendo le vesti di capo-fazione, appoggiando incondizionatamente la parte ghibellina: un legame sempre più stretto, corroborato anche da vincoli matrimoniali con il casato leader bergamasco dei Suardi[20]. «Il legame ideologico fra i signori e gli esponenti della fazione portò in particolare a un trattamento privilegiato sul piano fiscale, compensato dalla disponibilità a collaborare con il signore nel controllo degli oppositori guelfi»[21]: la vicinanza tra il Visconti e i ghibellini delle valli bergamasche si concretizzava in vantaggi fiscali e politici per i partigiani locali e in supporto armato per la repressione guelfa per il *dominus* milanese. Agli abitanti delle valli di orientamento filovisconteo era infatti demandato il primo intervento in caso di agitazioni, in attesa dell'arrivo delle truppe signorili stanziate a Bergamo; un provvedimento che, nella teoria, avrebbe permesso di tenere sotto controllo le offensive nemiche anche senza fare ricorso a presidi stabili nel territorio. Nella realtà, però, questa politica si tradusse in un'azione indisturbata da parte dei ghibellini, che si lasciarono andare ad attacchi di ogni sorta contro i propri nemici, senza temere ritorsioni alcune da parte dell'autorità signorile: Bernabò lasciò infatti carta bianca ai suoi "compagni", che si ritrovarono nella pratica a poter compiere qualsiasi efferatezza con la certezza di restare impuniti. L'effetto ottenuto da questa strategia non fu il desiderato *knock-out* dei guelfi e la fine degli scontri, bensì un ulteriore acutizzarsi del conflitto e un significativo decadimento di credibilità dell'autorità signorile: la concessione velata di una sorta di "licenza di uccidere" ai ghibellini portò infatti i cittadini a non considerare più come principe giusto e rispettabile Bernabò, ma anzi a metterne in discussione il potere[22].

---

verticalità della loro composizione: se è vero che ai vertici dell'organizzazione c'erano esponenti dei grandi casati nobiliari, dobbiamo ricordare che di queste associazioni facevano parte anche gli strati inferiori della società, per i quali l'appartenenza ad una fazione era un mezzo (spesso l'unico) per essere inseriti nelle istituzioni cittadine.

19 GRILLO, *Il territorio conteso*, cit., p. 251.
20 Una delle figlie di Bernabò, Bernarda, venne data in moglie a Giovanni di Baldino Suardi, capoparte ghibellino. MAINONI, *Le radici*, cit., p. 135; GRILLO, *Il territorio conteso*, cit., pp. 244-245.
21 GRILLO, *Il territorio conteso*, cit., p. 245.
22 Ivi, p. 251.

▲ Bernabò Visconti in un'incisione del XVIII secolo

Situazione anche più intricata a Brescia, dove lo scontro si consumò già all'interno delle mura urbane e portò il signore a mettere in atto provvedimenti ancora più drastici. Come abbiamo visto, la presenza guelfa era qui maggioritaria, mentre lo schieramento ghibellino aveva avuto una storia più travagliata e non presentava la stessa compattezza; anche il seguito di cui le due parti disponevano, specialmente in città, era decisamente sproporzionato a vantaggio dei primi. La situazione internazionale turbolenta, come si è già accennato, ebbe un notevole impatto sulle dinamiche cittadine, a Brescia in modo particolare: l'agitazione degli anni Sessanta venne infatti vista dai Brusati come una buona occasione per liberarsi dello scomodo governo di Bernabò[23]. I leader guelfi si misero dunque alla guida di una vasta insurrezione, che coinvolse tanto la città quanto le valli: obiettivo primo era la dedizione ai vicini Scaligeri. «Gli scontri dei primi anni Sessanta contribui*rono* a far propendere Bernabò verso un appoggio maggiore e più convinto delle famiglie ghibelline, in particolare nell'area più fortemente segnata dalle lotte di parte, e cioè la fascia occidentale»[24]: fu dunque la tenacia e la resistenza fiera opposta dalla *pars* guelfa a determinare una reazione decisa del Visconti, che usò qui il pugno di ferro, pur senza ottenere risultati efficaci. Particolarmente cruento, nonché indicativo della vanità delle azioni di Bernabò, fu l'anno 1364, in cui, a seguito di numerosi scontri in area camuna, il signore impose una pacificazione generale, cui fece però seguito una durissima repressione degli esponenti dello schieramento rivale, che portò all'eliminazione fisica dei leader Corradino Confalonieri e Ricuperato e Gherardo Brusati[25]. Nonostante questa operazione, la situazione non accennò a migliorare, anzi: le posizioni si radicalizzarono ulteriormente, rendendo pressoché impossibile un riavvicinamento tra le fazioni[26].

Per quanto riguarda le città emiliane, le dinamiche furono "più pacifiche": a Parma, Rodolfo emanò delle grida contro la nomina delle parti e le principali (e rare) concessioni ufficiali di privilegi vennero fatte a Uberto Pallavicino; certo è che le squadre avevano un ruolo decisamente pervasivo nella vita politica cittadina, perciò la loro presenza non poté essere eliminata. A Reggio, Bernabò espresse la sua riconoscenza nei confronti dei Manfredi, che avevano dato un notevole contributo alla presa della città: le fazioni non avevano però qui influenza esclusiva sulla vita della società come negli altri centri urbani, pertanto non furono bersaglio principale dell'azione politica del nuovo signore.

La lotta intrapresa da Bernabò contro le parti e il loro coinvolgimento nelle istituzioni cittadine è dunque un dato di fatto; ma, approfondendo l'analisi, ci si accorge di come questo scontro fosse soltanto un aspetto di una linea politica dagli orizzonti molto più ampi, che si sviluppò in opposizione netta con le scelte operate dai suoi predecessori. Vero bersaglio del Visconti fu infatti l'aristocrazia signorile nel suo complesso, senza distinzioni di appartenenza fazionaria: un'azione di ampio respiro per tenere sotto controllo i casati dominanti nelle varie realtà ed evitarne derive principesche: osservando le dinamiche locali, si possono notare una serie di provvedimenti comuni, volti proprio a questo scopo.

Innanzitutto, venne decretato un generalizzato taglio ai privilegi fiscali concessi dai suoi avi, motivato dalle ingenti spese per il mantenimento delle truppe e il proseguimento delle campagne militari: giustificazione che però si contraddice parzialmente alla luce delle esenzioni a lungo termine concesse in diverse città ai tecnici forestieri per incentivarne l'immigrazione. Ai provvedimenti economici si accompagnò una politica di contenimento e abolizione di privilegi anche nel campo dell'edilizia rurale, che portò il signore a scagliarsi contro i castelli dei signori rurali: «secondo l'Azario, nel 1364 Bernabò fece abbattere nei territori di Cremona, Bergamo e Brescia "infinitas fortalicias et castra", lasciando intere solo le strutture residenziali "civili", "et potius parti guelfe"»[27]. Il provvedimento non colpì dunque soltanto i nemici, ma anche gli "amici" e partigiani: così capitò che anche l'esponente di spicco di una famiglia di solida tradizione ghibellina come Niccolò Pallavicino si vide privato delle rocche di Tabiano e Bargone[28]. Nel Parmense, dove la lotta alle diffuse e radicate signorie rurali fu uno dei principali obiettivi del Visconti, non furono riconosciute separazioni territoriali e privilegi di sorta, ma al più tollerate situazioni ambigue; vennero promulgati decreti contro

---

23 L'atteggiamento di Bernabò nei confronti delle istituzioni e delle prerogative cittadine lo rese ben presto inviso alla popolazione, che si ritrovò spesso a fare fronte comune davanti alle decisioni signorili in campo fiscale e territoriale (in particolar modo, decise furono le proteste contro le cessioni e le separazioni di aree periferiche che il Visconti fece).
24 Pagnoni, *Brescia viscontea*, cit., p. 130.
25 Ivi, pp. 127-128.
26 Si è già visto come i guelfi non scomparvero dopo la repressione bernaboviana: la *domus Bruxatorum* divenne invece spesso sede delle discussioni consiliari cittadine.
27 Gentile, *Dal Comune cittadino*, cit., p. 287.
28 Ivi, p. 288.

il possesso di fortezze acquistate o detenute senza permesso del signore milanese e inviati castellani nelle «principali rocche del territorio, da Castelnuovo Parmense a Cavriago, da Grondola alla Bastita del Cantone, a Montecchio. E se qualcuno tra i *milites* osava protestare, immediata scattava l'accusa di ribellione e la confisca di beni e castelli»[29], che venivano trasformati dal signore in sedi di vicariato. Questi provvedimenti si traducevano in un vero e proprio problema per l'aristocrazia rurale, poiché ne mettevano in crisi le basi stesse del potere: venendo meno le garanzie fiscali e la possibilità di dare rifugio agli uomini del contado nei propri castelli, cadevano infatti anche le motivazioni per le quali i comitatini si erano posti sotto la loro protezione, aprendo la strada a un ritorno di questi sotto l'autorità comunale.

Ma, se la lotta alle signorie rurali fu uno dei punti fissi della politica bernaboviana, questo non significò uno scontro senza quartiere con i casati nobiliari. I giovani rampolli dell'aristocrazia furono anzi tenuti in grande considerazione dal Visconti, che cercò di valorizzarli all'interno del proprio stato, offrendo loro prestigiose carriere, che li tenessero però lontani da ambizioni signorili: si assisté così all'impiego di questi giovani in attività diplomatiche[30], nonché in ambito militare. La vocazione alle armi, inclinazione già diffusa e caratteristica nelle famiglie nobiliari, venne incentivata da Bernabò, che invitò a perseguire il prestigio dato da una carriera nelle alte gerarchie dell'esercito piuttosto che ambizioni di tipo signoril – feudale; vediamo così, ad esempio, la partecipazione di Giovanni Ponzone, Guglielmo Cavalcabò e Niccolò Pallavicino, capiparte delle fazioni cremonesi, alla battaglia di Solara (1363) sotto le bandiere viscontee[31]. Dunque non una chiusura netta, ma piuttosto la volontà di trovare soluzioni alternative per avere l'appoggio dell'aristocrazia senza sentir messo in discussione il proprio potere.

Bernabò fu un principe diverso dai precedenti, così come dal fratello e dal nipote e successore Gian Galeazzo. La sua visione del potere, che si rifletteva nella sua concezione di giustizia come sommaria e arbitraria, lo portò a rivestire i panni non di un principe di uno Stato centralizzato sul modello che cominciava a diffondersi in Europa, ma piuttosto quelli di un sovrano giusto, volto al bene dei propri sudditi, in grado di governare senza una corte di consiglieri e senza dover scendere a compromessi con altre forze. Questo desiderio di imporre la propria autorità sui territori sottomessi si scontrò però con un contesto internazionale difficile, che metteva a rischio i suoi possedimenti e la legittimità del suo potere, e con una particolare situazione interna, che vedeva in diversi luoghi ancora forti concentrazioni guelfe contrarie alla sua autorità e pronte a rivoltarsi. Nonostante la volontà di mostrarsi come principe indipendente, dunque, il Visconti fu costretto a cercare sostegno e aiuto negli esponenti di spicco delle casate aristocratiche delle città del suo dominio, assumendo il ruolo di capoparte ghibellino e puntando così sul riaccendere i conflitti di fazione che i suoi predecessori avevano cercato di pacificare, soprattutto nelle zone a maggioranza guelfa. La politica di favoreggiamento dei propri partigiani non portò però a risultati soddisfacenti, per diverse cause: innanzitutto, in molte aree il seguito di cui i filoviscontei potevano disporre non era sufficiente a contrastare gli avversari, che spesso beneficiavano di passate stagioni al governo e vaste schiere di *clientes*; inoltre, Bernabò si mosse sempre secondo due linee d'azione opposte e contrarie, avendo tra i suoi obiettivi primari anche quello di evitare derive signorili delle famiglie aristocratiche tutte, per cui non arrivò mai a garantire un appoggio totale e definitivo agli esponenti della sua parte. La politica del Visconti si ritrovò così spesso a procedere «per tentativi ed errori», in una continua tensione tra la volontà del signore e la realtà in cui questi si trovava ad operare; un contrasto tra due orientamenti, che non produsse chiaramente i risultati sperati, ma portò anzi a un aggravamento della situazione. Invece che placarsi, i conflitti interni allo stato continuarono ad aumentare nelle aree periferiche e nelle valli; il signore, pur visto come «amante della giustizia» da alcune figure prestigiose (quali Corio e Azario)[32], finì in molti casi per essere considerato un tiranno dispotico e per perdere di legittimità e autorità agli occhi degli abitanti delle sue terre.

Negli ultimi anni di governo, si impose a Bernabò la necessità di prendere atto della situazione e del fallimento della propria politica, arrivando ad alcune decisioni che in parte ridimensionarono la linea tenuta dal signore fino ad allora. All'agosto 1377 risale un decreto generale che mira a regolare la presenza degli officiali

---

29 GAMBERINI, *Il contado di fronte alla città*, cit., p. 202.
30 Esempio su tutti quello dei Pallavicino. GENTILE, *Dal Comune cittadino*, cit., p. 288.
31 Ivi, p. 287.
32 M. N. COVINI, *La «balanza drita»: pratiche di governo, leggi e ordinamenti nel ducato sforzesco*, Milano, Franco Angeli, 2007, p. 289.

▲ Il monumento funebre di Bernabò Visconti fu commissionato nella seconda metà del XIV secolo allo scultore Bonino da Campione. La statua, realizzata in marmo, è attualmente collocata nel Castello Sforzesco

viscontei nelle città suddite secondo il «rigido principio dell'equilibrio e del bilanciamento delle parti»[33]: pur nella difficoltà di applicazione in contesti non chiaramente definiti (come, ad esempio, a Cremona), questo provvedimento fu un primo passo nell'accettazione dell'esistenza di due schieramenti contrapposti, che non potevano essere eliminati, ma dovevano anzi essere coinvolti nel governo cittadino. A qualche anno dopo (1383), risalgono altri due fatti che sembrano essere dichiarazione di una "resa alla realtà": Bernabò richiese infatti ai cremonesi un giuramento di fedeltà nei suoi confronti[34], oltre a dare il via ad una campagna di fortificazione nelle valli bergamasche, dove ormai la strategia per cui difesa e repressione delle ribellioni erano affidate ai ghibellini si era dimostrata inefficace e controproducente[35].

Il progetto dell'impetuoso Visconti per stroncare sul nascere le mire signorili ed espansionistiche delle famiglie aristocratiche del suo dominio si scontrò con la realtà e fallì miseramente: i casati nobiliari avevano già esteso la propria influenza sulle istituzioni urbane, disponevano di vasto seguito e le formazioni di parte cui facevano capo avevano ormai un peso e un'importanza tali da non poter essere messe a tacere con semplici provvedimenti. I tentativi di Bernabò, pur spinti da un'idea di fondo chiara e precisa, si tradussero nella pratica in azioni contradditorie, che portarono la situazione a peggiorare ulteriormente. Il fallimento della sua politica fu causato dall'aver sottovalutato la presa di cui ormai le fazioni disponevano sulla vita cittadina e la sproporzione di forze che sussisteva tra un signore che ancora doveva lottare per imporre la propria autorità e dei *domini* locali che avevano notevolmente irrobustito il loro potere nel tempo: un errore di valutazione, dunque, e la proposta di un programma che risultava anacronistico. Non a caso, dopo la deposizione dello zio, Gian Galeazzo seguì tutt'altra linea politica, proponendo un modello di stato accentrato e più burocratizzato, avvicinandosi alle aristocrazie locali, coinvolgendo le parti nel governo urbano (anzi, legittimandone più o meno esplicitamente il ruolo) e ponendosi come signore *super partes*, vero garante della stabilità e dell'equilibrio: era ormai impossibile pensare di gestire le terre viscontee senza fare i conti con le famiglie importanti e con l'influenza che le fazioni cui stavano a capo esercitavano sulla vita delle città. La soluzione che il primo Duca di Milano decise di adottare fu quella di riconoscere l'esistenza dei diversi schieramenti e di dare loro una dignità, legittimandone l'azione di governo e il ruolo all'interno delle istituzioni cittadine: arma che si rivelò però a doppio taglio per gli appartenenti alle parti, in quanto contraltare del riconoscimento fu la regolamentazione di queste associazioni, che videro i propri aderenti sottoposti a maggiori controlli e spesso anche all'obbligo di dichiarare ufficialmente la propria appartenenza ad una fazione piuttosto che a un'altra.

FILIPPO MARIA E LE "SANTE UNIONI"

La morte di Gian Galeazzo Visconti nel 1402, come si è già accennato, fece sprofondare l'intero ducato in un vortice di scontri e ribellioni: le diverse città che componevano il dominio si resero indipendenti e videro la formazione di governi cittadini; le potenze straniere si fecero avanti per accaparrarsi le prede ambite; i rappresentanti delle élite locali cercarono di insignorirsi di aree più o meno vaste, giungendo non di rado a controllare importanti centri. La dipartita del primo Duca, aggravata dalla minorità degli eredi al trono e dalla debolezza della Reggenza, rese evidente come la strategia da lui utilizzata nella gestione delle fazioni cittadine aveva dato buoni risultati perché intrapresa da un principe carismatico e determinato: alla sua scomparsa, le tensioni partigiane esplosero in tempi brevissimi e gli scontri, tanto locali quanto a livello sovracittadino, si ravvivarono, tanto da portare allo smembramento dello Stato.

Alla morte dell'inetto primogenito, Giovanni Maria, il titolo ducale passò nelle mani del giovane Filippo Maria, il quale si trovò a dover fronteggiare sin da subito una situazione complessa: la riacquisizione dei territori perduti dovette infatti essere compiuta tramite un lungo e articolato processo, che vide il coinvolgimento di una svariata quantità di soggetti e costrinse il principe novello a scendere a compromessi con le realtà locali.

---

33 Così Pagnoni in *Brescia viscontea*, cit., p. 126. Lo stesso decreto è riportato da Gentile ne *Il Comune cittadino* (cit., p. 291), che però lo data al 1379. Così recita il testo: «Ut unicuique tam guelfo quam ghibellino jus reddatur secundum quod intentionis nostre est, ordinamus et volumus quod de cetero quociens contingent aliquem ire pro potestate in aliqua nostra civitate, si potestas fuerit ghibellinus, vicarius et judex maleficiorum qui cu meo ire debebunt ad dictum officium, sint et esse debeant guelfi et sic e converso si potestas fuerit guelfus, vicarius et judex maleficiorum sint et esse debeant ghibellini...».
34 GENTILE, *Dal Comune cittadino*, cit., p. 291.
35 GRILLO, *Il territorio conteso*, cit., p. 246.

Le parti, che si erano rinvigorite durante il decennio travagliato seguito alla morte di Gian Galeazzo, non scomparvero al momento dell'ascesa al trono del giovane Visconti, anzi: come rileva Gentile, «anche solo a una rapida scorsa, è facile rendersi conto che al recupero di ciascuna città da parte del giovane duca fa da controcanto un fitto numero di patti bilaterali tra il duca e signori rurali, comunità, fazioni, parentele e persino singoli individui (cittadini e rurali) che giurano fedeltà al principe a titolo personale»[36]. Dunque un ruolo fondamentale mantenuto dalle forze locali, restie a ritornare sotto il pieno controllo di un'autorità superiore e ben intenzionate a contrattare le migliori condizioni in cambio della propria obbedienza al nuovo duca.

Se, però, da un lato vediamo quindi Filippo Maria scendere a patti e accettare le fazioni come interlocutrici politiche, dall'altro si percepisce sin da subito un diverso atteggiamento nei confronti delle élite locali: laddove il padre aveva instaurato con queste un rapporto privilegiato, il giovane Visconti non disdegnò l'impiego di provvedimenti drastici contro i capiparte rivali e i ribelli, ricorrendo in diverse occasioni al confino e a punizioni esemplari[37].

Se i primi anni del suo lungo regno furono volti al recupero dei territori perduti e videro un maggior ricorso a misure di compromesso per assicurarsi l'appoggio delle città, a partire dagli anni Trenta del Quattrocento la politica di Filippo Maria prese una svolta più decisa e determinata in vari ambiti, tra cui quello istituzionale. A differenza del padre, il Visconti non approvava l'intromissione e il pervasivo coinvolgimento delle parti nel governo e nella gestione della cosa pubblica nel suo dominio: obiettivo prefisso fu dunque quello di limitare lo spazio d'azione delle fazioni e delle parentele aristocratiche locali, per riprendere il potere più strettamente nelle proprie mani.

La sua politica di "superamento del sistema fazionario" prese forma e vigore tra la fine degli anni Trenta e l'inizio degli anni Quaranta, favorita da una convergenza di fattori e situazioni che portarono al coinvolgimento di una pluralità di soggetti, le cui azioni furono orientate al medesimo scopo.

Prima di analizzare nel dettaglio i provvedimenti presi a livello locale e i decreti emanati in materia dal duca in questo torno di tempo, vale la pena soffermarsi sul contesto in cui queste vicende andarono a prendere forma.

Le guerre di riconquista, di difesa e di espansione intraprese negli anni precedenti avevano comportato l'arruolamento di diverse compagnie militari, il cui mantenimento era diventato una delle principali voci di spesa nelle finanze ducali: i continui scontri portarono a un aumento della richiesta di contribuzioni, determinando così una crescente pressione fiscale. Pressione che causò serie tensioni all'interno delle varie realtà del ducato, tensioni che non di rado si tradussero in veri e propri tumulti ed insurrezioni[38].

Ai malumori provenienti dal basso, si univano le richieste sempre più pressanti dei condottieri a vario titolo legati allo Stato, che spingevano per ottenere riconoscimenti e ricompense adeguati al proprio ruolo: spesso questi compensi si traducevano in possedimenti territoriali di vario tipo, sempre più frequentemente concessi sotto forma di feudo[39]. I primi anni Quaranta, militarmente parlando, videro anche la sconfitta subita dall'esercito milanese guidato dal Piccinino ad Anghiari per mano delle forze congiunte di Firenze, Venezia e Stato Pontificio, evento che ovviamente contribuì ulteriormente ad appesantire un'atmosfera politica già tesa[40]. Tensione politica e militare si andavano a sommare ad una situazione già particolare, dettata dal carattere

---

36 M. GENTILE, *La Lombardia complessa. Note sulla ricomposizione del ducato di Milano da parte di Filippo Maria Visconti (1412-1421)*, in *Il ducato di Filippo Maria Visconti, 1412-1447. Economia, politica, cultura*, a cura di F. Cengarle e M. N. Covini, Firenze, Firenze University Press, 2015, pp. 5-26 (citazione p. 11).

37 È quello che abbiamo visto accadere, ad esempio, a Cremona (cfr. cap. 2); ma particolarmente significativa a riguardo è la vicenda pavese. Complice anche il risentimento e l'ostilità personale del duca novello nei confronti dei Beccaria, dai quali fu tenuto in scacco per anni come "prigioniero di riguardo" nella città lombarda, l'azione punitiva verso gli esponenti principali della famiglia fu senza precedenti: «le vendete per loro manchamenti ne feci il signor duca Filippo Maria (...) in fare amazare cum una azeta lo prefato messer Castellino, in fare suspendere sula piaza de Pavia per la gola Lanzaloto suo fratello ed uno figliolo del dicto messer Castelino, et morire in presone altri loro figlioli» (citazione in C. MAGENTA, *I Visconti e gli Sforza nel castello di Pavia e loro attinenze con la Certosa e la storia cittadina*, vol. II, Milano, 1883, pp. 219-220, ripresa da COVINI, *Pavia dai Beccaria ai Visconti - Sforza*, cit., p. 62).

38 Sulla crisi degli anni Quaranta, in tutte le sue sfumature, si rimanda a M. N. COVINI, *Le difficoltà politiche e finanziarie degli ultimi anni del dominio*, in *Il ducato di Filippo Maria Visconti, 1412-1447*, cit., pp. 71-106.

39 Se, da un lato, questa procedura gratificava i capitani e li legava ulteriormente all'autorità centrale, dall'altro diventava ulteriore elemento di scontro con la popolazione, raramente prona ad accogliere con favore e lealtà questi subitanei cambi di "padrone".

40 Ricordiamo che sempre in questi anni si stava consumando anche la lunga questione delle nozze di Bianca Maria, figlia legittimata del duca e sua unica "erede": la giovane era stata promessa a diversi personaggi importanti, ma senza mai dare seguito concreto alle proposte. Dopo numerosi ripensamenti e ritrattazioni, la ragazza venne data in moglie a Francesco Sforza: le nozze si celebrarono a Cremona, città portata in dote dalla sposa, nel 1441.

e atteggiamento peculiare di Filippo Maria. Egli si presentò come un principe deciso e autoritario, ben determinato a porre la propria autorità al di sopra delle parti e delle intenzioni locali; al tempo stesso, però, fu personaggio sfuggente e caratterizzato da atteggiamenti e comportamenti talvolta contradditori. Pier Candido Decembrio, nella sua *Vita di Filippo Maria Visconti*, lo presenta come un uomo diffidente, sempre pronto a mettere in difficoltà i suoi interlocutori e incline alle prese in giro; terrorizzato dalla solitudine, pretendeva di essere sempre circondato da guardie e servitù, ma al tempo stesso rifuggiva il contatto con le persone e, soprattutto negli ultimi anni della sua vita, si chiuse in una sorta di isolamento forzato. Uomo paziente, ma vendicativo; lento all'ira, ma restio alla conciliazione: era particolarmente severo, soprattutto nei primi anni di governo, con i suoi collaboratori, costantemente messi alla prova e spesso puniti ricorrendo a sottili provvedimenti, dall'allontanamento dai ruoli di competenza a pratiche vessatorie di diverso genere[41].

A questi tratti, si aggiungeva anche una forte tensione spirituale, acuitasi sempre più negli anni; la sincera devozione e il grande trasporto religioso si mescolavano in molti casi a una certa superstizione, che lo portava così a scontrarsi con la propria coscienza[42], nonché ad interessarsi alle questioni ecclesiastiche, in quel periodo particolarmente vivaci[43]. Anche tra i suoi principali collaboratori ritroviamo diverse figure appartenenti al mondo religioso, quali i francescani Antonio Rusconi e Antonio da Rho e l'agostiniano Andrea Biglia: segni tangibili dell'espansione e del successo che gli ordini mendicanti stavano riscuotendo in quel periodo.

Ai fini del nostro discorso, particolarmente rilevanti sono le vicende delle Osservanze religiose, specialmente quella francescana: i frati di quest'ordine erano sempre più numerosi all'interno del ducato e stabilirono in tempi brevi stretti legami con le autorità civili e le alte gerarchie dello Stato. «È nel corso del Quattrocento che si viene a saldare il rapporto tra Minori osservanti e duchi di Milano. Imprescindibile punto di riferimento è Filippo Maria Visconti perché è proprio negli anni Trenta – Quaranta del secolo che le Osservanze emersero prepotentemente come interlocutrici del potere centrale e locale, perché è in quegli stessi anni che nella chiesa giunge a maturazione e si risolve il travaglio conciliare e si gettano le basi della moderna monarchia pontificia, e è dunque in quel periodo che vengono ridefiniti all'interno della Chiesa i rapporti tra i vari corpi che la compongono, Ordini religiosi compresi»[44]: una convergenza, dunque, tra le tensioni e le aspirazioni alla riforma interna alla Chiesa tutta[45], l'autorità centrale, rappresentata da un duca particolarmente sensibile alle dinamiche religiose, e la popolazione comune, sofferente per le vicende tormentate che si trovava a vivere, in un periodo di scontri e lacerazioni interne al tessuto sociale.

E fu proprio negli anni Venti, dalla grande famiglia dell'Osservanza francescana, che emerse una figura destinata a segnare la storia del suo ordine e di numerose realtà locali italiane: Bernardino da Siena[46]. Il frate, presto diventato celebre per le sue orazioni e chiamato in molte città a diffondere il suo messaggio, portò alcune novità nel mondo della predicazione (sia per quanto riguarda le forme, sia per i contenuti), novità poi riprese dai suoi numerosi discepoli[47]. Accanto ad una tradizionale opera moralizzatrice, volta alla condanna del gioco, della lussuria e dei vizi, nelle sue prediche forti furono i richiami al bene comune e alla salvaguardia della collettività: i peccati non venivano visti solo come ostacoli alla salvezza individuale, ma come minacce per la società tutta. «Ognuno tira al suo bene proprio. Mio, mio, e non si curano d'altro, e la città si diserta e si disfà. Attendete ne' vostri consigli al bene a alla salute della vostra replubica, chè a lei

---

41 Si veda P. C. DECEMBRIO, *Vita Philippi Mariae tertii ligurum ducis*, a cura di F. Fossati *et al.*, in *Rerum italicarum scriptores*, 2 ed., XX, 1, Bologna, 1925-1958.

42 Una vera e propria crisi di coscienza colpì il duca nel 1446, quando percepì chiaramente il contrasto tra i suoi propositi cristiani e le continue vessazioni economiche cui sottoponeva i suoi sudditi e le istituzioni religiose: l'interrogativo sulla possibilità di ottenere comunque la salvezza della propria anima lo portò a chiedere parere ufficiale ad alcuni prestigiosi ecclesiastici e teologi della sua corte, affinché potesse modificare la propria condotta e trovare redenzione. Il fatto è ampiamente trattato in E. VERGA, *Un caso di coscienza di Filippo Maria Visconti duca di Milano, 1446*, «Archivio Storico Lombardo», 45, 1918, pp. 427-487.

43 Sulle istanze di riforma che agitavano al tempo il mondo ecclesiastico e, in particolare, sulle posizioni del duca nel dibattito conciliare, si veda C. BELLONI, *La politica ecclesiastica di Filippo Maria Visconti e il concilio di Basilea*, in *Il ducato di Filippo Maria Visconti, 1412-1447*, cit., pp. 319-364.

44 S. FASOLI, *Perseveranti nella regolare osservanza. I Predicatori osservanti nel ducato di Milano (secoli. XV-XVI)*, Milano, Biblioteca Francescana, 2011, pp. 31-32.

45 Per le riforme interne al mondo degli ordini regolari, si veda come sintesi K. ELM, *Riforme e osservanze nel XIV e XV secolo. Una sinossi*, in *Ordini religiosi e società politica in Italia e Germania nei secoli XIV e XV*, a cura di G. Chittolini e K. Elm, Bologna, Il mulino, 2001, pp. 489-504.

46 Sulla figura del frate e la sua predicazione, esaminata a tutto tondo, si faccia riferimento a *Bernardino predicatore nella società del suo tempo. Atti del convegno, Todi: 9-12 ottobre 1975*, Todi, Accademia Tudertina, 1976.

47 Tra i principali, ricordiamo Giacomo della Marca, Alberto da Sarteano e Giovanni da Capestrano.

siete molto più tenuti che a' vostri figliuoli e a' vostri fatti propii»[48]: con queste parole il futuro santo metteva l'accento sull'importanza della concordia e dell'unione fra gli appartenenti alla comunità, che dovevano preoccuparsi prima per la sopravvivenza dello Stato che per i propri interessi personali. Era in quest'ottica che le sue prediche esortavano al ripristino di una giustizia efficace, intesa come punizione dei colpevoli, considerati minacce per la stabilità della città; ed è sempre in linea con questa visione che il frate inserisce un nuovo tema nei suoi sermoni, quello della riappacificazione delle parti. La lotta alle fazioni è argomento ricorrente e centrale in diversi suoi cicli di predicazioni, in cui guelfi e ghibellini vengono dipinti come opere demoniache, contrarie alla concordia e all'unità promosse da Dio: forte è la contrapposizione tra volontà divina e culto di Satana, tra due realtà che non potevano convivere e tra cui doveva essere fatta una scelta decisa.

Bernardino, come i suoi discepoli dopo di lui, si trovò ad operare come "mediatore" tra la piazza e il palazzo[49], tra la realtà e le richieste della popolazione e le necessità e la volontà dei poteri civili: particolarmente interessante, a questo proposito, è notare come i religiosi non intervenissero nelle varie città su propria iniziativa, ma richiamati dalle autorità locali, poi vigili nel controllo dello sviluppo della visita e nella presenza alle prediche. Altre costanti degli interventi dei padri predicatori furono la forte aspettativa che precedeva il loro arrivo, alimentata dalle speranze della popolazione e dai racconti di miracoli ed eventi straordinari avvenuti altrove, e il vasto armamentario di pratiche e strumenti comunicativi che accompagnava il momento strettamente oratorio: «processioni, falò delle vanità, riti di rappacificazione, confessioni di massa

---

[48] G. MICCOLI, *Bernardino predicatore: problemi e ipotesi per un'interpretazione complessiva*, in *Bernardino predicatore nella società del suo tempo*, cit., pp. 9-37 (specialmente le pp. 18-19; citazione p. 19).

[49] Per riprendere la terminologia di L. PELLEGRINI, *Tra la piazza e il Palazzo. Predicazione e pratiche di governo nell'Italia del Quattrocento*, in *I frati osservanti e la società in Italia nel secolo XV. Atti del XL Convegno internazionale in occasione del 550° anniversario della fondazione del Monte di Pietà di Perugia, Assisi-Perugia, 11-13 ottobre 2012*, Spoleto, Fondazione Centro italiano di studi sull'Alto Medioevo, 2013, pp. 109-133.

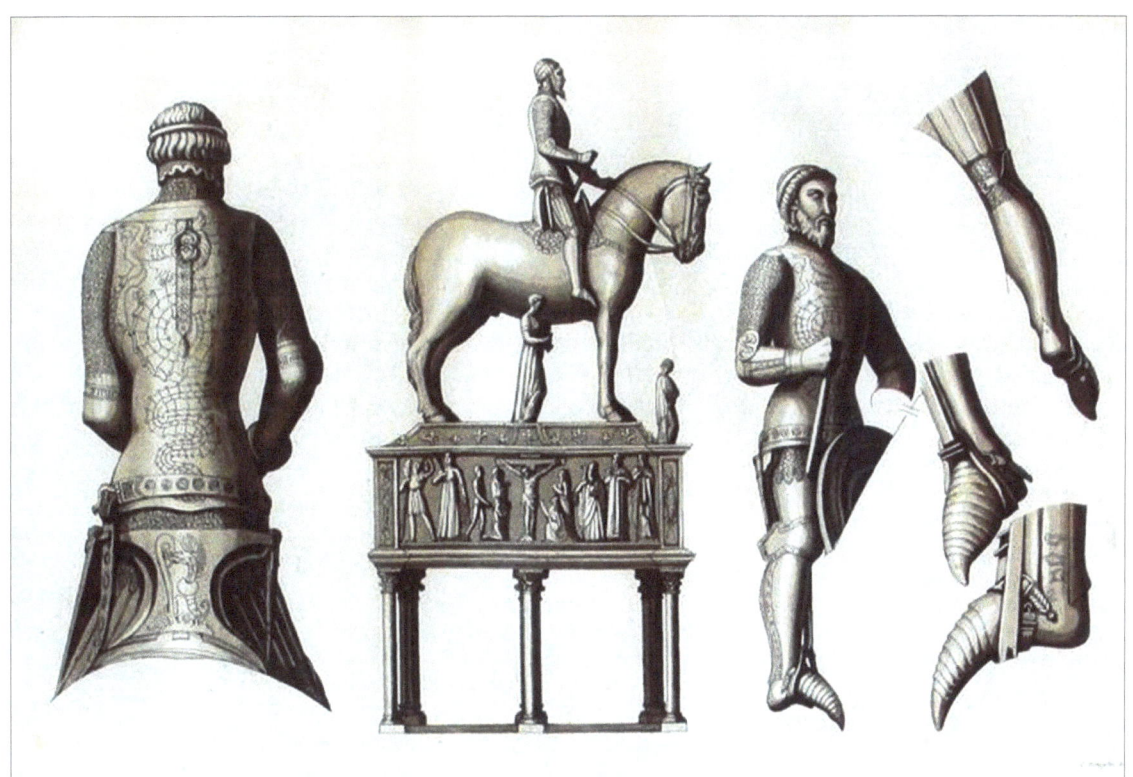

▲ Acquaforte raffigurante le diverse parti di cui si compone il monumento funebre di Bernabò Visconti

sono il corredo di pratiche che, con valore catartico, accompagnano e chiudono una predicazione efficace che ha catalizzato emozioni collettive»[50]. Il pulpito, luogo simbolo dell'attività oratoria, si trovava ad essere area di mediazione fra popolo e autorità; le ambizioni e le richieste delle magistrature si intrecciavano e confrontavano con i desideri e le necessità della popolazione, fiduciosa nella missione dei religiosi[51].

Filippo Maria Visconti, che le fonti ci presentano come sinceramente devoto e profondamente sensibile ai cambiamenti interni al mondo ecclesiastico, ebbe un ruolo importante anche nella crescita e nella diffusione dell'Osservanza francescana nel ducato, favorendo e sollecitando nuove fondazioni e avvicinandosi a numerosi personaggi appartenenti all'ordine, tra cui lo stesso Bernardino. Nei confronti del futuro santo, il principe ebbe un atteggiamento particolare, ambiguo e contraddittorio come in molti altri casi: i due ebbero infatti intensi rapporti, sia spirituali sia politici (il frate fu intermediario per il duca con la città di Siena); il Visconti appoggiò la fondazione del convento di Santa Maria degli Angeli (1421) e fu fortemente devoto al predicatore, di cui chiese di poter avere una reliquia alla morte; ma al tempo stesso, quando, tra il 1437 e il 1441, venne intentato da Amedeo Landi un processo contro Bernardino, Filippo non intervenne in alcun modo[52].

La predicazione dei minori osservanti ebbe dunque una grande diffusione, anche all'interno del ducato: sappiamo che le prediche del frate senese entusiasmarono le folle di molte città, tra cui la stessa Milano. La lotta alle fazioni e la sollecitazione all'unità delle comunità diede i suoi frutti in diversi centri: Bernardino, già negli anni Venti, vantava successi a Casal Monferrato e a Crema, dove convinse il signore della città, Giorgio Benzoni, a riappacificarsi con i ghibellini, oppure a Belluno, ove fece distruggere i registri delle famiglie dell'oligarchia e agevolò l'approvazione di una costituzione moderatamente popolare[53]; notevoli risultati ottennero anche alcuni dei suoi discepoli, quale Giacomo della Marca, che, nel 1445, dopo aver predicato pace e concordia, vide la sottoscrizione solenne di "capituli statuti et ordinamenti de la sanctissima unione" a Foligno[54].

Anche nelle terre ducali si giunse alla stipula e alla approvazione di "capitoli di Santa Unione", giuramenti di tutta la popolazione volti ad abolire le parzialità, prodotti demoniaci, e a preservare la concordia e l'unità tra i cittadini: promotore diretto fu un altro dei seguaci di Bernardino, Silvestro da Siena[55]. Tra i primi e più diretti collaboratori del frate senese, questi si dedicò, come i suoi compagni, alla predicazione itinerante, dando, nei suoi sermoni, largo spazio alla promozione della concordia e dell'unità del corpo sociale e dunque all'abolizione delle parzialità.

Il Rovelli, nella sua *Storia di Como*[56], ci dà notizia di una visita di Silvestro nella città lacustre, su invito del Consiglio di Provvisione[57], nell'agosto 1439: alla sua intensa predicazione, cui la partecipazione popolare era sollecitata anche dalle autorità civili, seguì la sperata conversione degli animi dei cittadini, tanto che si rese necessario informare il duca degli avvenimenti in corso. Ed è grazie a questo passaggio attraverso la cancelleria ducale che possiamo conoscere maggiori dettagli della vicenda: due documenti ufficiali vennero emanati dall'autorità centrale tra la fine del 1439 e l'inizio dell'anno successivo, a segnare l'approvazione e l'appoggio che Filippo Maria dava al progetto. Con una lettera del 9 novembre 1439, indirizzata a podestà, capitano, referendario e presidenti dell'Ufficio di Provvisione di Como, il Visconti inviava in città un editto composto *ad hoc*, che prescriveva le "sette" e le parti e vietava di pronunciarne i nomi (di qualunque sorta), poiché erano state causa di distruzioni e violenze di ogni tipo; erano invitati tutti i cittadini a vivere «in iscambievole fraterna unione, ed amicizia, e senza alcuna emulazione fra di loro»; si ordinava poi di nominare i consiglieri comunali ogni cinque anni (invece che ogni due), non più su base di appartenenza fazionaria,

---

50 PELLEGRINI, *Tra la piazza e il Palazzo*, p. 126.
51 I cicli di predicazioni erano preceduti da incontri di vario tipo del frate con i diversi soggetti locali: autorità, singoli fedeli, comunità religiose, funzionari municipali ecc. Questo permetteva al predicatore di comporre sermoni più calzanti alla realtà locale, così da cogliere nel vivo i partecipanti e fare maggior presa su di loro. Cfr. PELLEGRINI, *Tra la piazza e il Palazzo*, cit.
52 Sui rapporti tra Filippo Maria e Bernardino si veda FASOLI, *Perseveranti*, cit., soprattutto alle pp. 10-11; sulle vicissitudini delle reliquie chieste dal duca alla morte del frate, BRUNI, *La città divisa*, cit., pp. 260-263.
53 Cfr. BRUNI, *La città divisa*, cit., specialmente pp. 298-299.
54 Ivi, cit., p. 300.
55 Per una panoramica generale sulla vita, i viaggi e le opere di frate Silvestro, si rimanda a M. BERTAGNA, *Frater Silvester Senensis O.F.M. concionator saeculi XV*, «Archivum franciscanum historicum», 45, 1952, pp. 152-170.
56 ROVELLI, *Storia di Como*, vol. III, cit., pp. 184-189.
57 I Savi di Provvisione, in accordo anche con il podestà Giovan Simone Vicemala, invitarono il frate per mezzo di una lettera il 5 aprile del medesimo anno. Rovelli riporta dal Giovio anche la notizia di una precedente visita di Bernardino, probabilmente a inizio anni Trenta. ROVELLI, *Storia di Como*, vol. III, cit., p. 185.

ma «si facesse scelta di cittadini per probità, e capacità più meritevoli, prendendoli per un terzo infra i più facoltosi, per un altro terzo fra i mediocri, ed il rimanente fra quelli di più bassa condizione», e così anche per gli altri offici e magistrature[58].

Secondo documento della cancelleria ducale fu il decreto emanato dal principe il 22 giugno 1440, in cui si approvavano (con qualche accorgimento) i capitoli dell'unione inviatigli dalla cittadinanza comasca. Il 13 dicembre dell'anno precedente, nella solennità di Santa Lucia, gli abitanti della città e dei sobborghi si erano radunati prima nelle proprie chiese parrocchiali e poi nel chiostro del convento di San Francesco per giurare per atto pubblico di osservare in perpetuo pace e concordia, riportando infine i nomi dei presenti in un registro, detto *il libro della santa unione*. Nel decreto ducale, Filippo Maria dava la sua approvazione, come si è detto, ai capitoli presentatigli da una rappresentanza comasca, pur con qualche modifica. Questi, secondo il Rovelli, i punti principali: 1) la promessa di essere fedeli al principe; 2) il divieto di ospitare, in tempi sospetti, persone non descritte nel libro della santa unione in casa propria; 3) l'imposizione, per eventuali futuri criminali, di risarcire i danni portati; 4) l'obbligo di notifica di eventuali cospiratori contro la santa unione; 5) il divieto, per i trasgressori, di occupare offici o titoli comunali di ogni sorta. A questi, vennero aggiunti dal duca altri capitoli, che vedevano: 1) l'imposizione, a podestà, giudici, capitano e referendario di Como, di giurare fedeltà alla città e al ducato, nonché di rispettarne decreti e statuti presenti e futuri; 2) il divieto di esporre insegne di famiglia durante funerali e/o nei luoghi di sepoltura; 3) l'istituzione di una solenne processione nel giorno di santa Lucia per celebrare l'anniversario dell'unione; 4) l'esclusione di esterni all'unione dalle attività ristorative e albergatrici; 5) l'obbligo, per i consiglieri comunali, di partecipare alle adunanze della propria assemblea, sotto pena pecuniaria in caso di inadempienza.

Il viaggio di Silvestro non si fermò a Como e la sua predicazione trovò spazio anche in altre città. Abbiamo notizia di un suo soggiorno a Piacenza, ove giunse il 13 gennaio 1440[59]: qui, «le fervorose di lui parole fecero sì gran colpo negli animi de' Piacentini» che il 18 gennaio i cittadini elessero una commissione di sette savi perché fossero abolite le parzialità e fatta una santa unione[60]. Il 22 dello stesso mese gli statuti furono presentati e approvati dalla popolazione: più di 8000 persone giurarono davanti al vicario ducale Vincenzo de Vegiis e al capitano della cittadella, alla presenza di frate Silvestro e delle rappresentanze del clero religioso e secolare della città; seguì anche qui una processione di ringraziamento, tre giorni dopo, nella simbolica ricorrenza della conversione di san Paolo. Come a Como, il giuramento venne ripetuto per atto pubblico e solenne davanti al notaio Giovanni de' Roncovieri il 29 gennaio, nella chiesa cattedrale cittadina. L'8 febbraio una delegazione piacentina, composta da Giovanni Cicala, Tommasino Berardi e Cabrino Rossi, inoltrò al duca richiesta di approvazione della santa unione, richiesta che si pensa sia stata accolta; il giorno seguente, il frate lasciò la città alla volta di Cremona, «ut ibi quoque sanctam poneret unionem»[61].

Abbiamo poi notizia di una santa unione stipulata a Lugano nei primi anni Quaranta[62]. Rovelli, vantando il primato comasco nel campo di questo tipo di pacificazioni, poi esportato in diverse altre aree del ducato, riporta come anche nella città svizzera «verso il declinare dell'anno 1440 rinunziaron a dette fazioni, e strinsero fra di loro una perpetua pace, ed unione confermata similmente anche di poi con giuramento, e sotto diversi capitoli a punizione de' contumaci, o de' trasgressori, il che fu fatto parimenti ad esortazione del zelante Religioso autor della nostra pacificazione»[63]. Le vicende luganesi sono più complesse da ricostruire, ma pare di poter affermare che nel dicembre 1440 frate Silvestro fosse nella città svizzera, dove in una grida, datata il 17 dello stesso mese, l'autorità «esortava i renitenti a seguir l'esempio universale», sollecitandoli a sottoscrivere, entro otto giorni, l'atto di unione[64]. Dieci giorni dopo, un secondo ammonimento veniva emanato contro coloro che ancora non avevano aderito al patto: pena era l'esclusione dalla possibilità di

---

58 Ivi, p. 186.
59 Notizie del soggiorno piacentino di Silvestro troviamo in A. RIPALTA, *Annales placentini ab anno MCCCI usque ad MCCCCLXIIII*, in *Rerum italicarum scriptores*, XX, Mediolani 1731, coll. 876-877; le principali vicende sono riportate anche in C. POGGIALI, *Memorie storiche di Piacenza*, VII, Piacenza 1760 (ed. anast. Piacenza, Tip. Le. Co., 1976), pp. 210-211 e in BERTAGNA, *Frater Silvester*, cit., pp. 159-160, dove però il viaggio è datato 1441.
60 Citazione da POGGIALI, *Memorie storiche*, cit., p. 210; i sette savi che compongono la commissione sono Giovanni Cicala, Matteo Tedeschi, Lazzero dalla Porta, Giovanni degli Scribani, Lodovico Borla, Pietro della Veggiola e Jacopo Marengo.
61 RIPALTA, *Annales placentini*, cit., col. 877.
62 Sulle vicende luganesi, si vedano: ROVELLI, *Storia di Como*, vol. III, cit., p. 189; E. MOTTA, *Il Consiglio comunale luganese negli anni 1440-1443*, «Bollettino storico della Svizzera italiana», 2, 1880, pp. 177-181 (seguito dell'articolo alle pp. 229-233 e 259-262); *La pace del 1445 fra i guelfi e i ghibellini luganesi*, «Bollettino storico della Svizzera italiana», 26, 1951, pp. 54-55.
63 ROVELLI, *Storia di Como*, vol. III, cit., p. 189.
64 Il testo integrale dell'atto del 17 dicembre 1440 è riportato in MOTTA, *Il Consiglio comunale luganese*, cit., p. 178.

accedere a cariche e rendite comunali. Nell'anno seguente, vennero promulgati i nuovi statuti cittadini e diverse ordinanze per mantenere la concordia sociale; è evidente però che i provvedimenti non dovettero portare a risultati durevoli, se ancora nel 1445, durante la seduta consiliare dell'8 gennaio, venne chiesto di confermare la propria partecipazione all'unione precedentemente stipulata: i cittadini sopra i quattordici anni d'età erano sollecitati a presentarsi nella chiesa di san Francesco la domenica seguente, per ribadire la propria adesione al giuramento di concordia civica; nel caso fossero impossibilitati, sarebbe dovuta essere loro premura compiere comunque l'atto nei quindici giorni seguenti; un'eventuale mancata sottoscrizione avrebbe comportato l'esclusione dei renitenti da offici e benefici comunali, nonché una loro qualificazione

▲ Ritratto di Francesco Sforza e Bianca Maria Visconti, opera di Bonifacio Bembo

come estranei al corpo sociale[65].

Un processo dunque che risentiva delle particolari dinamiche locali, ma che al tempo stesso aveva delle caratteristiche comuni e ricorrenti: obiettivo dell'atto, che scaturiva sempre a partire dall'emozione suscitata dalla predicazione del frate osservante e che godeva dell'approvazione delle autorità locali, era quello di ritrovare e ristabilire la concordia e l'unità fra i vari membri del corpo sociale, sollecitando l'impegno ad abolire qualsiasi tipo di rimando alle parzialità, identificate come fonte principale di divisioni e sciagure. Alla rogazione di un istrumento ufficiale da parte di un notaio qualificato del Comune, seguiva quindi un giuramento solenne, professato collettivamente in una sede locale del mondo francescano; una processione, da ripetere in futuro a memoria e ricordo dell'evento, fungeva da ulteriore collante per la popolazione. Importante è anche rilevare il peso dato all'unione: coloro i quali non avevano ratificato il patto erano considerati come estranei al corpo civile ed esclusi così dall'esercizio delle prerogative cittadine, dalla possibilità di partecipare alla vita politica a quella di avere il sostegno degli altri abitanti della città.

Si è inoltre visto come, tanto a Como quanto a Piacenza, i consiglieri locali avessero poi espressamente richiesto approvazione e conferma degli atti stipulati all'autorità centrale dello Stato. Filippo Maria, anch'egli impegnato, come abbiamo accennato, nella lotta contro le fazioni e le discordie interne al ducato, nonché sensibile al messaggio di pacificazione portato da Bernardino e compagni, non si limitò a dare il suo benestare alle sante unioni, ma, per usare le parole del Rovelli, «dal nostro esempio il Duca ricevette stimolo a procurare da per tutto la medesima unione coll'abolizion delle Sette fatta per general decreto dei 2 di Maggio del seguente anno»: riferimento è al decreto generale *de partialitatibus non nominandis*, del 1440[66]. L'arenga del documento ripropone le tematiche della predicazione francescana contro le divisioni del corpo sociale: opera del demonio, le parti erano causa di tutti i mali che avevano colpito la società fino a quel momento e andavano debellate per ristabilire «charitate, unitate, coniunctione» volute da Dio. Il duca ordinava dunque l'abolizione di ogni forma di parzialità e vietava la nomina stessa delle parti, sotto qualunque appellativo; sanzioni pecuniarie e corporali erano previste per i trasgressori.

Accento particolare venne posto dal Visconti sulle norme per la formazione dei consigli, che, ovviamente, non avrebbero più dovuto basarsi sull'appartenenza fazionaria dei candidati: i nuovi consiglieri erano da scegliere tra i cittadini «pro tertia parte ex habentibus ampliores facultates, pro alia tertia ex mediocribus, et pro reliqua tertia ex minoribus», badando che i prescelti fossero persone atte a governare e a compiere i loro offici, timorate di Dio e stimate dalla comunità per la loro onestà e buona fama. Era questa una soluzione già proposta in precedenza da Filippo Maria, che puntava alla formazione di assemblee cittadine elette su base censitaria, così da scardinare il meccanismo in funzione, secondo cui erano i capiparte a gestire l'accesso dei propri *clientes* alle cariche pubbliche; ma il suo progetto non era andato in porto, a causa dell'effettiva forza e pervasività del sistema fazionario, ma anche dei compromessi che il giovane duca era stato costretto ad accettare al momento della successione pur di ricompattare i domini paterni. Lo slancio fornito dai predicatori francescani, unito alle richieste sempre più pressanti della popolazione suddita (che abbiamo visto essere particolarmente agitata in quel periodo, a causa, principalmente, ma non solo, della forte pressione fiscale ed esistenziale cui era sottoposta dalle continue guerre in cui lo Stato era impegnato) e agli scrupoli morali che andavano ad aumentare nella coscienza del duca, portò il Visconti a percorrere questa strada, che si rivelò però più irta del previsto: abbiamo già visto come a Parma il principe fu costretto ad accettare il predominio delle squadre[67]; ma anche altrove la messa in pratica del decreto non fu di attuazione immediata e risolutiva. Dimostrazione più evidente della non definitività del provvedimento fu la completa riabilitazione delle parti e delle loro funzioni di governo di lì a pochi anni, al momento dell'ascesa al potere di Francesco Sforza: il condottiero, in lotta anche per affermare la legittimità (non effettiva) del proprio ruolo di erede di Filippo Maria e dunque di nuovo sovrano del ducato intero, avrebbe ceduto nuovamente alle fazioni, assicurando loro una nuova stagione di splendore[68].

---

65 Il testo integrale dell'atto è riportato in *La pace del 1445 fra i guelfi e i ghibellini luganesi*, cit., pp. 54-55.
66 *Antiqua Ducum Mediolani decreta*, Mediolani, Fratres Malatestas regiocamerales typographos, 1654, pp. 286-287.
67 Vedi capitolo 2.
68 Uno splendore, che, come si vedrà più nello specifico nel prossimo paragrafo, nascondeva però già i germi della decadenza: accanto alla solida aristocrazia di epoca viscontea, vennero elevati a ruoli di prestigio personaggi minori, legati al nuovo principe da rapporti personali di lealtà, amicizia e riconoscenza; questa tendenza andrà poi sempre più accentuandosi con gli eredi di Francesco, fino a portare alla formazione di élite di governo dalle caratteristiche parzialmente diverse (cfr. capitolo 3.3).

Per concludere il discorso sulle sante unioni e sui tentativi di pacificazione delle città sottoposte al dominio visconteo, si andrà ad esaminare un altro provvedimento, la cui datazione solleva diversi interrogativi. Il documento, sprovvisto di un riferimento temporale chiaro, si presenta con il titolo di «Statuta seu Capitula Sancte Unionis Civium Alme Civitatis Papie»: dunque un atto simile a quelli precedentemente analizzati, o almeno così pare ad un primo sguardo.

Del testo, conservato in un archivio privato, abbiamo notizia da Enrico Roveda, che ne propone la collocazione nei primi anni Cinquanta del Quattrocento, agli inizi del governo di Francesco Sforza[69]. A motivare la sua scelta, diversi fattori: innanzitutto, nel testo è più volte citato «Francisci Sfortie Vicecomitis ducis Mediolani», che poté fregiarsi di tale appellativo solo a partire dal 1450; inoltre, si fa riferimento ad un «facto astiludii» e ai provvedimenti presi in seguito all'evento, che Roveda identifica in un "palio" e nei disordini ad esso seguiti nel 1453[70].

Analizzando il documento, appaiono subito chiari gli elementi messi in luce dallo storico pavese, di cui si condivide dunque l'interpretazione. Si rimane però perplessi davanti alla perfetta adesione tra la prima parte del documento e il decreto del 2 maggio 1440, che viene pressoché riportato alla lettera. Dunque un provvedimento emanato negli anni Cinquanta, ma di stesura precedente? Da quanto conosciamo in riferimento alle altre città, la preoccupazione di combattere le fazioni fu un punto fondamentale della politica di Filippo Maria, ma non si può dire altrettanto di quella del suo successore.

Come dunque leggere questo testo? Forse una ripubblicazione di un provvedimento stilato negli anni Quaranta? A supporto di questa teoria ci viene un decreto riportato dall'Osio e da lui datato al 21 novembre 1440, che recita «L'effecto de capituli de la sancta unione de citadini de Pavia e del contato»[71]: la scelta della datazione fu però, anche in questo caso, dedotta dall'autore dell'opera su base di informazioni incrociate e, pertanto, passibili di revisione[72].

Altro fattore che lascia perplessi è la mancanza di notizie, anche solo vaghe, riguardo questo atto nelle altre fonti che abbiamo precedentemente analizzato: nessuna informazione ci viene data riguardo un ipotetico soggiorno pavese di fra' Silvestro. Possiamo dunque supporre che l'iniziativa del provvedimento fosse solo di slancio popolare? Oppure dobbiamo ipotizzare l'intervento di un altro predicatore?

Abbiamo già sottolineato come la prima parte del documento sia identica al decreto ducale del 2 maggio 1440, di cui riporta pressoché letteralmente il testo; anche i riferimenti interni al provvedimento hanno molto in comune con i precedenti di Como *et cetera*: abbiamo una formula di giuramento e una serie di sanzioni per i trasgressori; punizioni per combattere l'assenteismo dei consiglieri; divieti di esporre segni e insegne di famiglia nelle cerimonie e nei luoghi funebri, nonché un elenco di disposizioni mirate (ad esempio, sulle armi e le divise), volte al mantenimento dell'ordine pubblico.

A colpire maggiormente sono però le norme che vengono riportate per la formazione dei nuovi consigli cittadini: sebbene si faccia anche qui un qualche riferimento al ruolo di *mediocres* e minores, centralità sembra essere data alle figure dei *doctores* del Collegio cittadino. Questo punto alimenta ulteriori interrogativi, poiché complica il quadro, soprattutto alla luce delle informazioni che Roveda riporta per gli anni precedenti. Sappiamo, ad esempio, che nel 1434 le assemblee pavesi erano già composte su base censitaria, poiché tra i consiglieri «dovevano esserci in egual misura *cives maioris facultatis, cives mediocris facultatis, cives minoris facultatis*. Si distinguevano quindi tre fasce censitarie che dovevano essere rappresentate politicamente»[73]. Se questa era dunque la situazione a Pavia negli anni Trenta - il che si sposava perfettamente con i progetti e le aspirazioni di Filippo Maria (abbiamo già accennato al fatto che l'uso del criterio censitario nella formazione delle assemblee cittadine fu proposto dal duca prima della diffusione del "fenomeno" delle sante unioni) -, la riproposizione di una normativa volta all'impiego di criteri già in vigore nella formazione dei consigli perde di significato; al più che, sempre secondo Roveda, il decreto generale del 1440 fu recepito in città e applicato[74].

---

69 Roveda, *Le istituzioni e la società*, cit., pp. 84-86.
70 Ivi, note 210, 214.
71 Osio L., *Documenti diplomatici tratti dagli archivi milanesi*, vol. III, parte I, Milano, Tip. G. Bernardoni di Giovanni, 1872, doc. CCXX, pp. 222-224.
72 Ivi, nota 1.
73 Roveda, *Le istituzioni e la società*, cit., p. 78.
74 Ibidem.

Un ultimo dato va portato a complicare (o chiarire?) ulteriormente la situazione: risale probabilmente agli anni maturi dell'età di Filippo Maria una supplica, pervenutaci senza datazione (ancora una volta!), in cui i cittadini pavesi proponevano al Visconti una possibile riforma del Consiglio di Provvisione, a loro dire mal funzionante. La proposta avanzata era quella di ridurre il numero dei Sapienti a sei, i quali sarebbero però rimasti in carica per sei mesi (invece dei due precedentemente previsti) e avrebbero avuto l'obbligo di riunirsi con una frequenza precisa; rilevante è la specifica secondo cui almeno due dei sei consiglieri dovessero essere «*legumdoctores* o almeno *licentiati in iure civili*»[75]. La richiesta venne respinta da Filippo Maria e il progetto fu dunque (temporaneamente?) abortito, ma è chiaro come «fu questo un tentativo oligarchico, un tentativo di accentrare il potere nelle mani di poche persone»[76].

Come, quindi, interpretare e datare questi «capitula»? Possiamo forse interpretarli come una riproposizione, in un periodo ancora instabile[77], di una proposta di età precedente, ma rivestita di una veste più "convenzionale"? Erano il tentativo di far passare una riforma di stampo oligarchico sotto l'apparenza di un provvedimento volto alla rappacificazione del corpo sociale? Al momento, non è dato di pervenire a conclusioni certe. Unico punto fisso nel discorso è una certa differenza di prospettiva nelle soluzioni a cui pervennero comaschi (insieme al Visconti) e pavesi: all'egualitarismo censitario si contrapponeva un probabile tentativo oligarchico, che dichiarava la forza, non tanto delle fazioni (che pur rimarranno una costante della storia della città anche in età sforzesca), quanto del Collegio cittadino e delle famiglie che ne facevano parte[78].

Età sforzesca

L'ultimo tentativo di superamento del sistema fazionario nel governo delle realtà locali dello Stato visconteo sforzesco è quello intrapreso a fine Quattrocento da Ludovico Maria Sforza, ultimo Duca prima del valzer di dominazioni di inizio Cinquecento e della definitiva devoluzione del Ducato agli Asburgo. Il Moro si trovò a governare in un periodo particolare, in un clima di cambiamento e di fervore politico e culturale; cominciavano allora a prendere avvio mutamenti istituzionali e sociali che avrebbero trovato forma e compimento nel secolo successivo.

L'atteggiamento di Ludovico nei confronti delle fazioni e i provvedimenti da lui presi nelle situazioni locali risentirono delle trasformazioni in corso, trasformazioni che lo portarono ad adottare soluzioni nuove per il governo delle città del suo dominio, spesso sfruttando a proprio favore gli avvenimenti e i cambiamenti che stavano prendendo corpo nelle diverse realtà.

Per affrontare l'argomento e vedere concretamente all'opera lo Sforza, si è scelto di analizzare un caso specifico, quello di Parma, ampiamente studiato da Marco Gentile e Letizia Arcangeli[79].

Abbiamo visto, nel capitolo precedente, come nella città emiliana le fazioni rivestissero un ruolo fondamentale e pervasivo nella vita della comunità: le quattro *squadre* possedevano una propria struttura ben definita, fortemente verticale, e andavano a controllare ogni aspetto della quotidianità, dall'accesso alle istituzioni politiche all'organizzazione degli eventi cittadini. Le identità guelfa e ghibellina non erano sentite con la stessa forza e nettezza con cui erano percepite altrove: il vero scarto tra le posizioni si costruiva sul sostegno alla dominazione milanese oppure ai vicini Estensi.

---

75 Ivi, p. 79.
76 Ibidem.
77 Ricordiamo infatti che la posizione di Francesco Sforza non era totalmente definita, in quanto il suo potere non si fondava su alcuna base legittima; solo con la firma della pace di Lodi, nel 1454, il condottiero venne ufficialmente riconosciuto dagli altri sovrani della penisola italiana come signore degli ex domini viscontei.
78 Nella prima età sforzesca, i *populares* ebbero un loro ruolo nella vita politica cittadina, ma limitato al Consiglio Generale: questo organo, però, era ormai pressoché privo di competenze e si riuniva di rado, determinando così, di fatto, la riduzione del potere decisionale nelle mani dei Sapienti di Provvisione, eletti invece in un ambito molto più ridotto.
79 Di Marco Gentile si vedano almeno: *Terra e poteri*, cit.; *Fazioni al governo*, cit.; *Alla periferia di uno Stato. Il Quattrocento*, in *Storia di Parma*, cit., pp. 213-259; *Casato e fazione nella Lombardia del Quattrocento: il caso di Parma*, in *Famiglie e poteri in Italia tra Medioevo ed età moderna*, a cura di A. Bellavitis e I. Chabot, Roma, École française de Rome, 2009, pp. 151-187; «Cum li amici et seguaci mei, quali deo gratia non sono puochi». *Un aspetto della costituzione dei piccoli stati signorili nel Parmense (XV secolo)* in *Uno storico e un territorio: Vito Fumagalli e l'Emilia occidentale nel Medioevo*, a cura di R. Greci e D. Romagnoli, Bologna, Clueb, 2005, pp. 125-144. Per quanto riguarda le opere di Letizia Arcangeli, invece, oltre al sempre fondamentale *Gentiluomini di Lombardia*, si veda *Tra Milano e Roma: esperienze politiche nella Parma del primo Cinquecento*, in *Emilia e Marche nel Rinascimento: l'identità visiva della periferia*, a cura di G. Periti, Azzano San Paolo, Bolis, 2005, pp. 89-118.

Spartizioni dei seggi, ambascerie, magistrature e qualunque forma di rappresentanza cittadina avvenivano equamente su base quattro, anche se, nella realtà, la squadra rossa possedeva un seguito maggiore, tanto in città quanto nel contado, e mirava a veder riconosciuta questa sua supremazia.

Per comprendere meglio la portata innovativa delle riforme operate da Ludovico e, soprattutto, le circostanze che le resero possibili, si ripercorreranno brevemente gli avvenimenti principali successivi all'ingresso in città di Francesco Sforza. Il condottiero, che in quegli anni, com'è noto, cominciava la sua scalata alla successione al suocero Filippo Maria, si era già procurato agganci importanti nel territorio, stipulando (probabilmente già nel 1448) un accordo con Rolando Pallavicino, suo sodale sia sotto la bandiera ghibellina sia nella comune opposizione allo schieramento braccesco[80]; ma il fattore davvero decisivo nel determinare la precoce dedizione di Parma allo Sforza fu la vicinanza di questi a Pietro Maria Rossi, leader dell'omonima squadra. Questa amicizia (e, soprattutto, il debito di riconoscenza di Francesco nei confronti del nobile parmigiano) ebbe rilevanti ricadute sulla vita della città fino al 1466: forte del peso della propria parte e dell'appoggio pressoché incondizionato del nuovo signore, il giovane aristocratico poté esercitare una sorta di «criptosignoria» su Parma, "controllando" le istituzioni urbane e assicurando a sé e ai propri *clientes* notevoli risorse[81].

Anche se al suo arrivo in città il condottiero aveva inizialmente ripristinato il sistema quadripartito puro per la formazione dei consigli comunali, come era stato caldamente richiesto dai parmigiani[82], nel 1456 egli si fece promotore di una riforma dei meccanismi elettorali[83]. In un'unica occasione erano designati i rappresentanti per i tre anni seguenti: venivano scelti trecento cittadini, i cui nomi erano posti in tre "bussole" a seconda dell'appartenenza di ceto (maggiori, mezzani e minori); si sorteggiava poi un terzo dei candidati di ciascuna categoria per ogni anno, andando così a comporre l'assemblea generale; per quanto riguarda gli anziani, invece, i dodici erano estratti dai cento consiglieri dell'anno, sempre tripartiti su base cetuale. Se ad una prima lettura questo provvedimento non pare nascondere alcuna insidia, la composizione della prima muta di Anziani riformati ci permette di comprenderne le implicazioni concrete: se, infatti, tanto i sanvitalesi quanto i correggeschi mantenevano i loro tre rappresentanti, i rossi si guadagnavano un quarto consigliere, a scapito della squadra pallavicina (che ne presentava due); dunque un cambiamento apparentemente innocuo nelle procedure elettive comportava però uno squilibrio interno alle istituzioni e alla ripartizione "equa" delle cariche. Il concetto di equità fu particolarmente discusso a Parma, soprattutto nel Quattrocento, quando lo scontro tra le fazioni si avviava ad una radicalizzazione delle diverse posizioni: se per le tre squadre "in minoranza" una suddivisione giusta delle cariche era quella in parti uguali tra i quattro schieramenti cittadini, secondo i Rossi la vera equità consisteva nel garantire a tutti i *cives* in possesso delle competenze e delle caratteristiche necessarie la possibilità di entrare a far parte delle magistrature e di svolgere il proprio compito; per far questo, era inevitabile si producesse uno squilibrio delle proporzioni a favore della loro *pars*, decisamente più popolosa.

Era dunque inevitabile che la riforma del '56 venisse totalmente disapprovata dalle tre parti, le quali, alla morte di Francesco (1466), si premurarono di manifestare il proprio dissenso al nuovo signore, esprimendo in modo chiaro la propria «volontà di tornare, insomma, a governarsi "secondo li ordini de le squadre loro", e subito»[84]. La compattezza delle tre squadre nell'opporsi alla supremazia rossa era indice e frutto di un cambiamento interno agli equilibri parmensi, cambiamento che si trascinava ormai da alcuni anni[85]: nel

---

[80] Il contrasto tra sforzeschi e bracceschi, nato come opposizione tra due scuole militari, presentava allora dei risvolti politici, poiché tanto gli Sforza quanto i Piccinino (che avevano raccolto l'eredità di Braccio da Montone) coltivavano concrete ambizioni signorili e si trovavano a scontrarsi anche sul piano territoriale, Gentile, *Fazioni al governo*, cit., pp. 104-105. Sulla caratterizzazione, l'evoluzione e le differenze tra gli schieramenti braccesco e sforzesco, si veda M. Mallett, *Signori e mercenari. La guerra nell'Italia del Rinascimento*, Bologna, Il mulino, 2006, in particolare capitoli III e IV (pp. 59-112).

[81] Gentile, *Fazioni al governo*, cit., p. 106.

[82] Ricordiamo infatti come durante l'intermezzo repubblicano il reclutamento dei partecipanti alle assemblee comunali fosse stato ridefinito su base territoriale, con un ritorno alle porte come criterio per la ripartizione dei seggi (si veda in proposito il cap. 2).

[83] L'intenzione dello Sforza è manifestata nella lettera che egli inviò nel dicembre '55 al podestà in carica a Parma, Giorgio del Maino.

[84] Gentile, *Fazioni al governo*, cit., p. 147.

[85] Dopo l'arrivo di Francesco Sforza, gli equilibri tra le squadre cittadine attraversarono una lunga fase di cambiamento, in cui alleanze e rotture tra gli schieramenti si avvicendarono con una certa frequenza: si cercherà qui di riportarne le tappe principali. Risalgono al gennaio 1452 le prime voci di una *liga* tra correggeschi e sanvitalesi in funzione antisforzesca e antirossa, *liga* che forse vedeva la partecipazione addirittura di alcuni membri della squadra pallavicina. Interessante è notare l'uso, per designare questo accordo, proprio del termine *liga*: come accennato nel capitolo 2, con questo vocabolo si intendeva indicare un'associazione illecita, di breve durata temporale e con scopi ben precisi e limitati; un'organizzazione che andava in una direzione completamente opposta rispetto

1466, la caduta dei principali ostacoli alla cooperazione tra le fazioni permise la nascita della cosiddetta "ternità"[86], che, data la discesa in campo anche dello schieramento pallavicino, trasformò il suo iniziale carattere antisforzesco in una connotazione decisamente antirossa[87].
La richiesta delle tre Parti fu accolta da Galeazzo Maria, al quale erano già pervenute sollecitazioni in questo senso da parte del Consiglio Segreto: questo, infatti, si era espresso a favore di un ritorno al quadripartito sin dall'anno precedente, scontrandosi però con il rifiuto del vecchio Sforza[88]. La squadra rossa veniva "tutelata" dal signore tramite l'inserimento in assemblea di alcuni officiali ducali, che dovevano impedire la coalizione delle altre tre fazioni contro questa; non sentendosi però al sicuro, gli uomini di Pietro Maria

---

alle classiche squadre, riconosciute dall'autorità centrale e con un ruolo "definito" all'interno delle dinamiche cittadine. L'accordo tra le due parti non andò però in porto, o meglio, alternò alti e bassi per lungo tempo, a causa di un episodio violento: Giovanni Zaboli, personaggio spicco della squadra correggesca, fu ucciso da Damiano Ferrari, figlio del leader sanvitalese Attanasio. Lo scontro tra le due famiglie si protrasse a lungo, alternando spiragli di pacificazione e momenti di riacutizzazione del conflitto (come, ad esempio, accadde nel 1456, in seguito all'assassinio di Benedetto Gozzaldi e Mabilia Zaboli per mano di Gabriele Gozzaldi, la cui fuga a Ferrara avvenne con la complicità del solito Damiano Ferrari). Nel 1462, nel contesto delle agitazioni in seguito alla notizia della malattia di Francesco Sforza, fu denunciata la *confederatione* tra correggeschi e sanvitalesi: gli interessati ne ammisero l'esistenza, sostenendo però che fosse una semplice e legittima reazione alla coalizione filosforzesca che di fatto si era formata tra Rossi e Pallavicini. In quello stesso periodo, si scoprì anche un complotto ordito da Stefano Sanvitale e Manfredo da Correggio, che aveva come obiettivo l'inserimento di Parma nell'orbita estense, complotto cui l'autorità milanese rispose rafforzando ulteriormente la posizione di Pietro Maria Rossi. Per approfondire, GENTILE, *Fazioni al governo* e ID., *Casato e fazione*.
86 Così la definisce Gentile, in *Fazioni al governo*, cit., p. 169.
87 Gli ostacoli cui si fa riferimento sono la morte di Francesco Sforza, principale sostenitore dell'egemonia rossa, e l'assassinio di Attanasio Ferrari (di squadra sanvitalese) per mano dei figli di Giovanni Zaboli (di parte correggesca), che pose fine alla lunga faida tra le due famiglie, permettendo così la nascita di un'intesa più solida fra i due schieramenti.
88 Tra le motivazioni addotte a sostegno del quadripartito vi erano l'antichità della consuetudine e il favore della maggioranza a riguardo, la relazione del commissario ducale a Parma Giorgio da Annone (che riteneva la riforma del 1456 come causa principale delle agitazioni del 1462) e la mancata approvazione del progetto di Francesco Sforza da parte dell'Anzianato. GENTILE, *Fazioni al governo*, cit., p. 152.

▲ Francesco Sforza e Bianca Maria Visconti in un ritratto di Bonifacio Bembo, attualmente conservato presso la Pinacoteca di Brera, a Milano

proposero alcuni emendamenti a questo programma, quali la durata annuale di questo consiglio riformato, l'imposizione della maggioranza di dieci su dodici nell'Anzianato, per evitare l'esclusione della propria Parte dalle deliberazioni[89], e una serie di limiti per i candidati [90]. La supremazia dei rossi, però, era ben lontana dall'essere messa in difficoltà dalla ternità appena nata: la potenziale pericolosità di questa, infatti, venne prontamente ridimensionata dagli eventi degli anni immediatamente successivi. Già nel 1467 si assisté a una prima pacificazione tra la squadra rossa e l'ala moderata dei Da Correggio, facente capo ad Antonio e alla famiglia Zaboli; l'anno seguente si verificò poi un evento ancora più rilevante, quale l'occupazione del feudo correggesco di Brescello, roccaforte della frangia estremista. Galeazzo Maria, nella sua lotta alle signorie autonome e filoestensi della zona, colpì duramente gli intransigenti della squadra, dichiarando ribelle il loro leader Manfredo e incamerando il feudo di Brescello nel patrimonio ducale. L'atto più rilevante dell'operato dello Sforza fu però quello di rispolverare «un vecchio progetto di Antonio da Correggio, che pochi anni prima si era detto pronto ad operare affinché la squadra correggesca fosse ribattezzata sforzesca»[91]: fu così che il signore di Milano alterò il sistema fazionario parmense, appropriandosi di una delle parti e autoproclamandosene patrono per modificarne le strategie.

La precarietà di questo nuovo equilibrio fu chiara sin dagli inizi e si manifestò appieno nel 1477, subito dopo la morte di Galeazzo Maria: la città, unica (se si esclude Genova) in tutto il dominio, fu scossa da tumulti e agitazioni che portarono a scontri armati tra i rappresentanti delle diverse squadre, creando così una situazione di continua tensione e pericolosità; le acque si calmarono tramite una tregua promossa dall'autorità milanese, ma era evidente che ormai le dinamiche cittadine stavano cambiando.

Con la presa di potere di Ludovico Sforza, i Rossi persero gli appoggi di cui godevano "ai piani alti" e si trovarono, per la prima volta, in una condizione di effettiva difficoltà[92]. Il Moro, inoltre, riservò il suo favore ai fratelli Pallavicini[93], appoggiandoli anche nei rinnovati conflitti territoriali con Pietro Maria nelle zone tra Parma e Cremona: l'invio nel Parmense delle truppe milanesi, comandate da Sforza Secondo, in risposta all'attacco del leader rosso ai nemici Pallavicini diede avvio alla cosiddetta «guerra dei Rossi»[94], che si protrasse per circa due anni (1482-1484) e vide la sconfitta della grande famiglia parmigiana, la morte di Pietro Maria e la fuga a Venezia di suo figlio Guido, nonché l'incameramento di buona parte dei beni del casato nel patrimonio ducale. Già dalle prime battute, lo scontro ebbe riflessi importanti non solo sui membri della parentela, ma anche su tutti gli aderenti alla squadra: una pesante tassa di guerra venne comminata agli uomini della fazione, che spesso si diedero alla fuga per evitare questa gravosa imposizione; numerosi furono inoltre bandi e confische, soprattutto nei confronti di coloro che rifiutavano di rinnegare il loro patrono[95], dichiarato nel frattempo ribelle e traditore.

Chiaramente, queste vicende intaccarono anche lo sviluppo istituzionale: se, infatti, inizialmente le assemblee sembrarono continuare a funzionare regolarmente, ben presto sorsero degli inevitabili dilemmi, data la posizione in cui i rossi si trovavano. A inizio conflitto, venne richiesto al Comune l'allestimento di trecento fanti, totalmente spesati dalla città: gli Anziani e un'assemblea di 43 votarono a favore della proposta, mettendo in minoranza i rappresentanti rossiani, numericamente pochi, ma ancora presenti. Nei mesi seguenti, la posizione dei consiglieri della squadra ribelle andò peggiorando, finché questi si trovarono

---

89 GENTILE, *Fazioni al governo*, cit., p. 153.
90 I candidati dovevano avere almeno trent'anni d'età, provenire da una famiglia che godeva della cittadinanza parmense da almeno tre generazioni e non esercitare «arte ville et mecaniche».
91 Ivi, p. 165.
92 Come rileva Gentile, «tolto di mezzo Cicco, i Rossi non potevano più contare su adeguati sostegni a Milano» (*Fazioni al governo*, cit., p. 170).
93 Gian Ludovico, Pallavicino e Gian Francesco, figli di Rolando.
94 Giorgio Chittolini interpreta lo scontro tra lo Sforza e Pietro Maria come un conflitto tra due mondi diversi: «orbene, l'accusa di tradimento e di fellonia amareggiò profondamente gli ultimi mesi di Pietro Maria. [...] Se egli si è ribellato e ha preso le armi, ciò è avvenuto perché la casa Sforza è venuta meno ai patti con la casa Rossa, togliendole le sue condotte, inviando "officiali" nei suoi Stati, pretendendo tributi. La ribellione non è stata un tradimento, ma la rivendicazione di un diritto legittimo che i duchi avevano riconosciuto per decenni. La guerra rossiana assumeva così il significato di uno scontro tra due concezioni dell'ordinamento politico, quella sostenuta dagli Sforza, moderna e accentratrice, e quella particolaristica, "feudale", a cui era rimasto fedele Pietro Maria: e la vittoria dei primi acquistava una portata che andava oltre il fatto militare». CHITTOLINI, *Il particolarismo signorile*, cit., p. 218.
95 Difficile fu per il potere centrale riappropriarsi delle terre rossiane, vista la fedeltà degli uomini di Pietro Maria al loro patrono; diversi furono i casi in cui questi si rifiutarono di giurare nelle mani dei nuovi proprietari delle terre: emblematico fu l'episodio di Tolarolo e Stagno, i cui abitanti rasero al suolo le case e si trasferirono nei territori ancora di proprietà dei Rossi, pur di sfuggire al nuovo signore del luogo, Gian Francesco Pallavicino. GENTILE, *Fazioni al governo*, cit., pp. 249-250.

a non aver più voce in capitolo; la totale esautorazione fu resa ufficiale nel luglio 1483, quando Ludovico confermò alle altre tre squadre il suo benestare all'esclusione dei rappresentanti rossi dagli organi comunali. Curiosa questa decisione dello Sforza, soprattutto se paragonata ai provvedimenti presi dal fratello Galeazzo: a fronte della possibilità, ventilata, ad esempio, dal luogotenente a Parma Martino Paolo Nibia, di cambiare nome alla squadra rossa e ribattezzarla sforzesca[96], il Moro decise invece di fare a meno dei rappresentanti di questa fazione, alterando così l'equilibrio delle parti.

La linea fu mantenuta e confermata qualche mese dopo, al momento di formare i nuovi consigli cittadini, quando le Tre Squadre chiesero di poter conservare il nuovo assetto. Dal governo centrale milanese fu richiesta una lista di centocinquanta candidati, ma la procedura comportò tempi più lunghi del previsto, poiché ogni parte voleva assicurarsi un ruolo di spicco nel nuovo ordinamento: nel febbraio 1484 si giunse finalmente ad un elenco definitivo di 75 cittadini, venticinque per squadra, per la formazione del Consiglio Generale, che manterrà questa fisionomia fino alla caduta del Moro nel 1499.

Il tentativo di andare "oltre le fazioni" di Ludovico Sforza consisté dunque in un superamento dello schema classico, poiché, per la prima volta dalla nascita delle parti cittadine, si riuscì a governare Parma per più di un decennio senza rappresentanti della squadra rossa, fino ad allora di maggioranza. Appare evidente come la riforma non fosse definitiva e non avesse scardinato alle radici il sistema: innanzitutto, i settantacinque membri della nuova assemblea continuarono ad essere eletti su base fazionaria, non sovvertendo quindi i criteri tradizionali; inoltre, la *pars* rossiana non si dissolse, ma rimase compatta ai margini della vita politica, pronta a rientrare prepotentemente in campo all'arrivo dei francesi, quando la vera differenza rispetto alla quadripartizione classica fu la progressiva polarizzazione dei cittadini su due schieramenti, quello rosso e quello della "ternità"[97]. La riforma parmense fu dettata poi soprattutto da circostanze favorevoli e non mossa totalmente da un'iniziativa signorile; le pressioni dal basso da parte dei rappresentanti delle tre squadre si facevano sempre più importanti e la situazione caldeggiava un intervento da parte dell'autorità centrale. Lo scarto di Ludovico dai predecessori si manifestò proprio qui, nella decisione da lui presa per risolvere la crisi: la scelta di non preservare la divisione in fazioni, ad esempio alterandone la composizione, ma, al contrario, di escluderne completamente una, era specchio della scarsa considerazione in cui lo Sforza teneva il sistema fazionario e della sua volontà di formare il corpo dirigente delle città su basi diverse.

La riforma del Consiglio generale di Parma non fu un caso isolato: l'atteggiamento innovativo del Moro nei confronti delle fazioni trova conferma anche in altri provvedimenti da lui presi, sia in città sia a Lodi.

A Parma, a partire dagli anni Settanta del Quattrocento, era cominciato un lento processo di unificazione degli enti ospedalieri e assistenziali sotto la direzione comune dell'Ospedale Rodolfo Tanzi. Il percorso si rivelò più lungo e accidentato del previsto, data la necessità di approvazione sia da parte dell'autorità pontificia sia di quella ducale, nonché dell'accordo tra le diverse realtà cittadine: squadre, poteri rurali, ceti "borghesi", ecc. Nel 1476, ottenuta l'approvazione di Galeazzo Maria, si erano stabiliti nuovi criteri per l'elezione dei rettori, che da questo momento seguì il principio della ripartizione per squadre, in linea con le altre istituzioni comunali; anche in questo caso, l'iniziativa era partita dal Consiglio cittadino, ma fu approvata dallo Sforza, che confermò così la direzione tenuta nei confronti delle fazioni nella sua riforma delle assemblee. Chiaramente, questo sistema venne messo in crisi durante lo scontro tra la città e lo stato dei Rossi, portando anche in questa istituzione all'esclusione dei rappresentanti della parte: la vera novità si trova nella soluzione adottata in questo caso. Nell'ottobre 1489 venne approvata una nuova riforma degli statuti dell'Ospedale[98]: l'elezione dei rettori «per partes seu squadras» era abolita in favore di una ripartizione su base professionale; il nuovo capitolo doveva essere formato da sei «cittadini di bona fama et conscientia como se presume et de

---

96 Il Nibia avanzò questa proposta alla luce della presenza, all'interno della squadra rossa, di diversi livelli di cittadini: alcuni di questi erano rimasti fedeli all'autorità milanese e non meritavano di pagare le colpe altrui. Il luogotenente, che verrà poi ucciso da esponenti delle tre squadre (che lo accusavano di favorire i rossi), consigliava allo Sforza di non alterare la ripartizione delle fazioni, perché sarebbe, a suo avviso, andato incontro a disordini e scontri di notevole portata (eventualità che nella pratica non si verificò).

97 All'arrivo dei francesi, il Consiglio in carica consentì la formazione di una commissione composta da rappresentanti di ogni squadra, compresa la rossa; premura dei consiglieri fu quella di richiedere al sovrano «la restituzione delle quattro famiglie caposquadra alla condizione originaria, per tutte in vario modo intaccata dagli Sforza» (ARCANGELI, *Tra Milano e Roma*, cit., p. 93).

98 Probabilmente, una certa influenza sul progetto ebbe frate Bernardino da Feltre, che l'anno precedente aveva contribuito alla fondazione in città di un Monte di Pietà. A. RICCI, *La realizzazione della riforma e la sorte degli ospedali minori*, in *L'ospedale Rodolfo Tanzi di Parma in età medievale*, a cura di R. Greci, Bologna, Clueb, 2004, pp. 79-133 (qui, in particolare, p. 108). Riferimenti alla storia precedente dell'ospedale Tanzi in G. ALBINI, *L'ospedale Rodolfo Tanzi di Parma (1304-1414)*, contenuto nello stesso volume (pp. 29-78) e in EAD., *Carità e governo delle povertà (secoli XII-XV)*, Milano, Unicopli, 2002, pp. 155-194.

bona facultade, equamente ripartiti fra *doctores, platenses* e *merchatores*»[99], di cui tre, uno per squadra scelto mediante estrazione a sorte, venivano ogni anno sostituiti. La procedura, approvata da Ludovico Sforza, andava evidentemente nell'ottica di un superamento del criterio fazionario per l'attribuzione delle cariche, puntando piuttosto alla formazione di consigli composti da personale rappresentativo e qualificato, degno di fiducia: era, in un certo senso, un atteggiamento precursore della svolta in senso patrizio che si sarebbe manifestata nel pieno Cinquecento, quando la gestione dei governi cittadini sarebbe stata rimessa nelle mani di consiglieri provenienti da famiglie prestigiose e di solida tradizione giuridica.

Un parallelo e una conferma per certi versi ancora più esplicita si può trovare nelle vicende avvenute a Lodi durante il governo del Moro.

Le istituzioni cittadine, come abbiamo già visto, erano anche qui organizzate su base fazionaria; un ruolo di particolare rilievo era riconosciuto alle due famiglie capoparte, ovvero Vistarini e Fissiraga, che si erano viste attribuire ampi privilegi nelle procedure di imbussolamento e nomina dei componenti del Consiglio maggiore da parte dei Visconti: questa preminenza si era mantenuta anche in età sforzesca, poiché i *leader* della parentela chiesero e ottennero conferma delle precedenti concessioni dai nuovi signori. O, perlomeno, questo è ciò che accadde fino alla presa di potere definitiva del Moro, il quale mise in atto anche qui una strategia volta al superamento del sistema "tradizionale". Come a Parma, le riforme furono suggerite e favorite dalla particolare situazione in cui la città si trovava e dalle tensioni latenti all'interno del corpo sociale: il primato delle due grandi famiglie, un tempo indiscusso, cominciava ad essere mal tollerato dalla comunità e a dare i primi segni di crisi. Ed è proprio dalla messa in discussione delle prerogative di Vistarini e Fissiraga che prese le mosse Ludovico Maria per rivedere il funzionamento dei consigli comunali lodigiani e per ribadire la propria autorità sul funzionamento delle istituzioni cittadine.

L'occasione fu fornita dal dibattito inerente alla riorganizzazione dell'Ospedale Maggiore della città (1492), nato come ente controllato direttamente dal Consiglio cittadino ma progressivamente emancipatosi dalla sua tutela e organizzatosi sotto la direzione di una confraternita di deputati dalla carica vitalizia: lo scontro opponeva i due capifazioni, sostenitori di un ritorno dell'istituto sotto il controllo comunale, alle famiglie che occupavano le cariche vitalizie e sostenevano l'indipendenza della loro posizione. Interrogato sul tema, lo Sforza, che stava lavorando nel frattempo a un progetto di riforma delle assemblee lodigiane[100], decise «di subordinare ogni decisione alla verifica delle norme che attribuivano ai due casati il privilegio di controllare la composizione del Consiglio comunale e con esso delle altre istituzioni cittadine»[101]: richiese dunque una verifica dei benefici concessi alle due parentele, per comprendere quali fossero i fondamenti del loro primato. Fulcro dell'indagine erano i decreti viscontei, visti come fonti principali del diritto: in particolare, l'attenzione si concentrò su una deliberazione di Filippo Maria del 1416, «per il quale pare fosse ordinato non se facesse in dicta comunità cosa alcuna per via de squadre, ma solo de nome de la signoria sua»[102]. Riportando lo stato di diritto a quel passaggio, Ludovico misconosceva le premesse della supremazia di Vistarini e Fissiraga e, al contempo, riaffermava la propria autorità e preminenza sulle nomine consiliari. La sua mossa successiva fu così quella di richiedere al commissario ducale della città una lista di *boni cives*, senza distinzione di parte, da cui poi estrarre i candidati ai seggi assembleari: di nuovo, vediamo dunque la volontà del Moro di superare le parzialità, mettendo al primo posto la professionalità e l'affidabilità dei candidati, piuttosto che il loro schieramento di appartenenza; di nuovo, vediamo la difficoltà di mettere in pratica il suo proposito, dato il radicamento delle *partialitates* nella società. Infatti, nell'elenco che giunse a Milano erano presenti tutti i precedenti consiglieri, ovviamente ripartiti per colore politico: la motivazione addotta dal commissario fu l'effettiva preparazione e competenza dei candidati proposti, in possesso delle caratteristiche richieste.

L'obiettivo di ridimensionare le fazioni era decisamente ambizioso, dato il contesto in cui si andava ad operare: il più grande ostacolo era la scarsa conoscenza della situazione lodigiana e delle effettive qualità dei candidati da parte dell'autorità centrale, che doveva perciò affidarsi in larga parte al parere di personaggi addentro le vicende locali e quindi probabilmente parziali. Novità più rilevante fu la preminenza attribuita a ceto e censo come criterio di designazione dei consiglieri; l'appartenenza fazionaria continuò ad essere

---

99 Ricci, *La realizzazione della riforma*, cit., pp. 108-109.
100 Marzia De Luca sottolinea come la prontezza dell'intervento del Moro nelle vicende dell'Ospedale fosse dettata dalla precisa volontà di sfruttare tale occasione «per interferire nel governo delle "cose locali" e ridimensionare l'autorità del Consiglio cittadino» (De Luca, *Tra Quattro e Cinquecento*, cit., p. 36).
101 Ibidem.
102 Ibidem.

▲ Filippo Maria Visconti in un'incisione del XIX secolo

riportata negli elenchi, ma come componente "fisiologica" dell'identità cittadina[103]. Particolarmente interessante è notare come nelle posizioni di prestigio nelle istituzioni comunali assumessero sempre più spazio *doctori* e professionisti del diritto: sono queste categorie a vedersi assegnati i seggi in consiglio, assieme agli esponenti delle due casate principali (che continuarono dunque a rivestire un ruolo di un certo spessore, pur vedendo il loro potere ridimensionato) e ai membri di alcune famiglie eminenti, che vennero però ridotte nel numero. Importante novità fu inoltre la trasformazione delle cariche in vitalizie, che portò ad una riduzione delle possibilità di ricambio all'interno della classe dirigente: oligarchizzazione dei Consigli, logica vitalizia nell'attribuzione delle cariche e ampio spazio concesso a giuristi e dottori (che entrarono ben presto in competizione con le altre categorie rappresentate) furono le novità principali introdotte dal Moro, ma anche le cause prime di malumori tra i cittadini, contrari ai nuovi provvedimenti.

Non si assisté dunque neanche in questo caso ad un vero e proprio scardinamento del sistema fazionario, ma lo Sforza ottenne comunque dei risultati significativi: ridimensionò il potere delle casate principali; estese il proprio controllo sulla società e le istituzioni lodigiane; fece saltare l'equilibrio tra le due parti, da quel momento impegnate di nuovo in scontri locali per affermare il proprio prestigio e primato sociale e politico[104]. Il tentativo di superamento del sistema fazionario e dell'ingerenza delle parti nella vita quotidiana delle città del Ducato proposto da Ludovico Maria fu, come i precedenti, destinato a non dare risultati definitivi e totali, ma andò in una direzione nuova e fu precursore delle risoluzioni cinquecentesche. Le riforme intraprese dallo Sforza furono suggerite da circostanze particolari e da suggestioni locali, ma furono soprattutto frutto di propositi specifici del Moro, che decise di imprimere una svolta netta alla politica intrapresa fino ad allora dai suoi familiari: l'importanza dei legami personali e di fiducia con il Duca era stata una costante sin dall'età di Francesco, ma si tradusse sotto il governo di Ludovico in un vero e proprio tentativo di creare una classe dirigente fidata e professionale, sia a Milano sia nelle realtà locali. Non più dunque un'organizzazione dislocata sul territorio e mediata dai capifazione, ma un controllo dal centro, dove il Duca era circondato da rappresentanti da lui scelti per prestigio e competenza. Le fazioni erano ancora troppo diffuse e dotate di solida tradizione per poter scomparire in tempi brevi, ma la proposta e l'applicazione di questi decreti andava a segnalare un mutamento di clima che stava prendendo forma e che si sarebbe pienamente compiuto nel secolo successivo, quando anche le condizioni politiche andarono incontro ad una piena metamorfosi.

▲ Miniatura raffigurante le nozze tra Francesco Sforza e Bianca Maria Visconti

---

103   De Luca, *Tra Quattro e Cinquecento*, cit., p. 37.
104   Ivi, p. 40.

CONCLUSIONI

La "scoperta" dell'aristocrazia presente nelle diverse realtà facenti parte dello Stato visconteo – sforzesco come un personaggio a tutto tondo e un soggetto dotato di una sua forza e di una sua volontà, capace di prendere decisioni proprie e di influenzare la politica cittadina (quando non addirittura quella statale!), ha comportato, negli ultimi decenni, un rinnovato interesse nei suoi confronti. Dallo studio dei rapporti tra famiglie, della composizione variegata delle parentele (spesso dalla duplice fisionomia, cittadina e rurale) e dell'interesse degli esponenti dell'aristocrazia per le istituzioni urbane - tanto private quanto pubbliche, tanto religiose quanto laiche -, sono emerse nuove prospettive anche sull'interpretazione delle associazioni di parte, le cosiddette «fazioni». Se queste, un tempo, erano immediatamente ricollegate ad un contesto di disordine e di violenza, oggi (almeno per quanto riguarda l'ambito della ricerca) vengono viste in un orizzonte più ampio, che ne riconosce l'importanza e la presenza costante nella vita quotidiana delle città. Il quadro emerso dagli studi più recenti, nonché da un'interpretazione più approfondita delle dinamiche centro urbano – contado ed élite – istituzioni, è molto più articolato di quanto non si credesse: più che come una causa di disordine, la fazione ci appare spesso come strumento di un "ordine particolare".

L'analisi delle vicende delle città del dominio visconteo, esaminate caso per caso localmente, ha messo in luce diversi aspetti. Innanzitutto, come gli schieramenti di parte fossero una realtà molto diffusa: pressoché ogni centro urbano si ritrovò a fare i conti con le ambizioni di famiglie potenti, le quali miravano al governo municipale e disponevano di numerosi *amici* e *clientes* per far valere le proprie posizioni. Sicuramente le fazioni ebbero un peso e una struttura differente da una zona all'altra (basti pensare alla compattezza delle squadre parmensi al confronto con le vicine piacentine), ma la loro presenza appare come un dato abbastanza costante all'interno del dominio.

Altra caratteristica delle parti che emerge abbastanza chiaramente dall'analisi è la pervasività della loro azione. Abbiamo visto infatti come i più vari aspetti della vita quotidiana dei centri urbani "lombardi" (e qui mi riferisco alla più ampia accezione di Lombardia) venissero in qualche modo, più o meno invadente, toccati dalle dinamiche fazionarie: sia perché risentivano degli scontri e ne soffrivano, sia perché i capiparte riuscivano quasi sempre ad estendere la propria influenza su ogni aspetto della vita comune, dall'accesso alle cariche pubbliche ai seggi nei consigli dei diversi enti (es. ospedali), dalle fondazioni religiose alle attività diplomatiche e di rappresentanza. L'adesione ad uno schieramento diventava così un passaggio pressoché obbligatorio per chiunque coltivasse una seppur minima ambizione ad operare nella sfera pubblica, sia con un impegno politico più definito, sia nelle questioni più banali.

Piuttosto evidente risulta poi come la fazione non fosse né totalmente cittadina, né esclusivamente rurale: la compresenza dei due mondi è una costante nella vita delle famiglie capoparte, costante che riversa anche sul proprio seguito. Se dovessimo ricorrere all'uso di percentuali per dare concretezza al rapporto di forze tra centro urbano e contado, ci troveremmo probabilmente davanti a risultati diversi a seconda delle località: abbiamo infatti visto come in alcune zone l'interesse delle aristocrazie fosse orientato principalmente sulla città (pur coltivando ambizioni e possedendo vasti territori nelle aree extraurbane), mentre in altre l'obiettivo primo riguardasse decisamente la conquista di posizioni solide e privilegiate nel contado. Chiara resta però la compartecipazione di questi due aspetti e caratteri nella definizione e composizione delle fazioni cittadine: fossero i casati leader di origine urbana o rurale, il loro ambito d'azione (e così quello del loro seguito) si estendeva ad entrambe le realtà, determinando così maggior complessità tanto nei rapporti tra le varie parti locali, quanto in quelli con l'autorità statale.

Gli schieramenti fazionari non erano poi limitati alla propria "area di competenza", ma coltivavano mire su territori vicini e, soprattutto, coltivavano legami con altre realtà, più o meno contingenti. Il cosiddetto coordinamento sovralocale permise a molte famiglie di dar forza alla propria politica o di correggere le proprie ambizioni: amicizia e sostegno da parte di altri signori locali si concretizzavano in una maggior possibilità di dar spessore e attuazione ai propri progetti, anche solo di carattere locale; la contrazione di matrimoni tra parentele di diverse zone permetteva l'ampliamento della rete di conoscenze e di appoggi, rete a cui si poteva sempre far riferimento per eventuali azioni politiche o militari; il contatto con realtà diverse poteva inoltre essere fonte di ripensamenti delle proprie ambizioni, che potevano essere dirottate su obiettivi differenti da quelli iniziali, ma più concreti (si poteva ad esempio decidere di intraprendere una carriera politica, militare o di rappresentanza presso il governo di un'altra città, oppure concentrare i propri sforzi "signorili" su un territorio diverso da quello di provenienza, ad esempio quello portato in dote dalla moglie al momento delle nozze).

Legato al tema del coordinamento extraurbano, c'è quello della ridefinizione del concetto di guelfi e ghibellini, che appaiono come due realtà esistenti, ma non così nette e chiaramente definite: gli spostamenti da uno schieramento all'altro erano piuttosto diffusi e avvenivano su una base di convenienza economico – politica, più che su motivazioni ideologiche forti; gli scontri più veri si fondavano su contrapposizioni tra famiglie e gruppi di potere, dove gli appellativi guelfo e ghibellino acquisivano un significato molto debole in termini concreti, ma venivano comunque usati per dare una definizione universalmente accettata alle posizioni in contrasto.

Inevitabile fu il contatto tra queste realtà e i signori milanesi, Visconti prima e Sforza poi. Ogni passo della casata regnante dovette fare i conti con i forti nuclei di autonomia e di fiera resistenza presenti nei territori sottomessi: questo non significa che tutte le azioni principesche furono orientate ad accattivarsi le aristocrazie locali o a cercare un compromesso con loro, ma che questi gruppi avevano un loro peso specifico ed erano realtà concretamente esistenti e battagliere, tanto che i signori milanesi non poterono ignorarne la forza.

La reazione dei principi davanti alle associazioni di parte non seguì direttive ferme e costanti nel tempo, ma si legò alla personale inclinazione del signore, alla sua concezione del potere e al contesto in cui egli si trovava ad operare. Abbiamo infatti visto come la declinazione del rapporto principe – fazioni variasse tanto nello spazio (poiché due città presentavano situazioni talvolta anche molto diverse nello stesso momento storico) quanto nel tempo, determinando una continua modificazione dei termini della relazione tra i due soggetti, relazione che chiaramente si presentò molto dinamica e in continua evoluzione.

Si è visto come alcuni esponenti di casa Visconti – Sforza abbiano aspirato ad un compromesso con le parti, cercando di ottenere riconoscimento del proprio potere concedendo ai soggetti locali più margini di azione e di autonomia; come altri abbiano optato per una legittimazione di fatto dei gruppi esistenti, ma allo scopo di meglio controllarli; come altri ancora abbiano chiaramente messo in luce le proprie debolezze, lasciando spazio alla ripresa degli scontri.

Focus di questo lavoro è stata però la politica di contrasto delle fazioni, volta al superamento della concezione delle parti come meccanismo regolatore della vita cittadina in ogni suo aspetto. Anche in questo caso, i provvedimenti presi non furono mossi dalle stesse motivazioni, né si svilupparono su linee simili: ogni principe cercò, spinto anche dalle suggestioni della sua epoca e della situazione che si trovava innanzi, di scegliere la soluzione più adatta per fronteggiare la presenza invasiva di queste associazioni.

L'impossibilità di sradicare completamente il fenomeno è la costante che lega i tentativi esaminati, insieme all'esito fallimentare delle azioni intraprese; è però comunque possibile osservare uno scarto tra le diverse vicende, su cui credo valga la pena soffermarsi un'ultima volta.

La politica di Bernabò, volta a porre la sua autorità sopra a qualsiasi altra aspirazione signorile, si trovò ben presto a dover fare i conti con la forza delle ambizioni che le famiglie aristocratiche dei territori a lui sottoposti ancora coltivavano e fu costretto a prendere provvedimenti: la sua scelta fu quella di appoggiarsi ai suoi *amici* ghibellini, cui lasciò spesso carta bianca nella repressione degli avversari. Il contesto in cui si trovava ad operare vedeva le casate locali ancora in una posizione di forza: i tempi in cui alcune di loro avevano coltivato (quando non realizzato concretamente) solide ambizioni di governo non erano così lontani; il potere dei Visconti, per quanto in continua espansione, non si fondava ancora su basi di legittimità forti, anzi, era spesso messo in discussione dalle autorità superiori (quali l'Impero e, soprattutto, il Papato); il contesto internazionale fluido suggeriva poi l'eventualità di cambiamenti repentini nella situazione politica, di cui era possibile approfittare per definire ed aumentare il proprio potere. Date queste premesse, il fallimento dei propositi di Bernabò era pressoché garantito, ma fu reso ancora più tragico dalla soluzione da lui proposta: l'appoggio totale ai suoi partigiani, lasciati in molti casi liberi di agire impuniti e in totale autonomia, contribuì soltanto a diminuire ulteriormente la credibilità del signore e ad aumentare la ferocia e la frequenza degli scontri.

Il caso di Filippo Maria si presenta sotto un'altra luce: la volontà di superare le parzialità era totale, nessuna distinzione era fatta tra i due schieramenti. Il ricorso all'elemento religioso nel suo discorso e la collaborazione con i predicatori osservanti permise al Duca di avvicinarsi di più anche alle esigenze e alle richieste della popolazione, provata dagli scontri degli anni precedenti e dalla pressione fiscale cui era sottoposta: una certa comunanza di intenti nel voler superare le tensioni e le discordie all'interno del corpo sociale, di cui si incolpavano totalmente le parti, diede effettivamente dei risultati più concreti, quali le Sante Unioni. Il tentativo non diede però una risposta definitiva, sia perché non si diffuse in tutto il dominio, sia perché, complici anche il carattere ambiguo del principe e la forza che comunque le parti conservavano, l'applicazione dei decreti non fu duratura: si è visto come all'arrivo di Francesco Sforza le fazioni abbiano ripreso in pieno le loro posizioni e i loro spazi d'azione.

Il progetto di Ludovico Maria Sforza si presenta come quello più riuscito: obiettivo del Duca fu sì quello di superare il coinvolgimento delle parti, ma seguendo una via ancora diversa. Alla ricorrente richiesta di non selezionare più i consiglieri cittadini sulla base della loro appartenenza fazionaria, si accompagnò questa volta la domanda di utilizzare come criterio per la scelta censo, buona fama e professionalità: non più una scelta di colore, ma basata sull'effettiva competenza dei candidati.

Anche in questo caso, il tentativo non andò completamente a buon fine, ma i fatti degli anni successivi dimostrarono che la via intrapresa era quella giusta: il superamento delle fazioni avvenne infatti a Cinquecento inoltrato, quando l'accesso alle assemblee cittadine venne sempre più riservato a professionisti del diritto e ad esponenti di un ristretto numero di famiglie. Un patriziato compatto e organico, di alte competenze politico – giuridiche, in grado di gestire lo Stato con una certa autonomia.

La storia delle fazioni nell'età visconteo – sforzesca conobbe dunque alti e bassi, momenti di particolare forza e altri di coatto silenzio; le parti trovarono, pur tra mille difficoltà e periodi di crisi, il modo per resistere e sopravvivere a diverse generazioni di principi, mantenendo una presa piuttosto solida sulle istituzioni cittadine. Il loro ruolo è destinato a rimanere in una posizione ambigua nel caso si tenti di dare una valutazione di tipo morale: sicuramente le fazioni furono elemento negativo, portatrici e interpreti di rivalità, nonché spesso causa prima dell'instabilità istituzionale delle diverse città; ma, allo stesso tempo, contribuirono al mantenimento di un certo equilibrio tra le forze e permisero anche ai cittadini di estrazione più umile di partecipare alle azioni di governo (previa adesione alla parte), fatto che diventerà impossibile con la nascita dei patriziati.

▲ La rocca Meli Lupi di Soragna, in provincia di Parma, in una foto dell'autrice

▲ Filippo Maria Visconti raffigurato sulla porta della sacrestia della Certosa di Pavia

APPENDICE

Statuta seu Capitula Sancte Unionis Civium Alme Civitatis et Comitatus Papie

Fecit nonullorum malignitas et perversa natura ut in partibus Lombardie fuerint temporibus retroactis introducte et adhuc aliquibus in locis vigeant execrande partialitates que mentes hominum a Deo execrarunt ut extinctus esse videatur omnis Dei timor extincta etiam omnis caritas omnis ratio bene vivendi et introductus cultus Sathane a quo solo partialitates ipse pervenerunt. Videtur et enim quod propter huiusmodi partialitates sequuta est multarum millium personarum occisio et animarum dannatio secte divisiones civitatum et terrarum desolationes domorum eversiones agrorum depopulationes iniurie violentie et rapine innumerabiles sequuta incendia et malla pene infinita unde mirandum est super tanta mentium ignorantia et cecitate. Quid enim detestabilius pernitiosius et magis fatuum dici potest quam similibus partialitatibus animum applicare et ipsis mediantibus ab ea se caritate unitate et coniuntione separare quam deus ipse suis fidelibus induxit? Et e contra vero quid melius quid humane nature convenientius quid omnipotenti Deo gratius quam ut Christi fideles sint in vera caritate coniucti? Cupientes igitur futuris scandalis erroribus ac mallis obviare ad honorem et augumentum ac conservationem felicis status illustrissimi principis et excellentis domini nostri domini Francisci Sfortie Vicecomitis ducis Mediolani et Papie Anglerieque comitis ac Cremone domini necnon pro conservatione huius inclite urbis Papiensis ac civium et districtualium eiusdem et volentes sectas et partialitates Guelforum et Gibellinorum radicibus extirpare matura deliberatione hec infrascripta statuta perpetuo et inviolabiliter duratura duximus ordinanda.

Primo namque statuimus et ordinamus quod in civitate et comitatu Papie et inter cives et alios ibi habitantes nunc aut in futurum alique partialitates Guelforum seu Gibellinorum et seu aliter quorumcumque non sint nec nominentur qualescumque sint, quia primo huiusmodi partialitates et quecumque secte et divisiones sub nomine Guelforum et Gibellinorum aut alio quovis sub collore introducte aut quovismodo introducta sint et intelligantur casse et penitus extincte. Iniuriarumque et dannorum respectu, dumtaxat personarum et bonorum mobilium tantum, qualiacumque sint ipsa danna, remissionem excepto consientie onere – salvo in his que fuerunt in facto astiludii, que omnia intelligantur fore remissa etiam in his que venirent restituenda propter onus consientie – videlicet interesse danni et expensarum, plenissimam facimus ac fore et esse statuimus et observari debere decernimus. Affinitates etiam et sanguinis coniunctionem, ad extirpandam penitus omnem contagionis maculam huius, suademus ut sublatis veteribus odiis et ranchoribus omnium una mens sit unus animus et una voluntas recte fideliter et bene vivendi nec aliqua sit emulatio nisi ut alter alterum superet beneficiis et virtutibus, ac boni cognoscantur a malis. Sic enim imitatores Dei erimus et animarum salus ac totius rei publice huius inclite urbis conservatio et augumentum sequetur.
Item ut hec pestifera partialitatum facio habilius extincta remaneat statuimus et ordinamus ut quicumque civis habitator et incola civitatis et comitatus Papie cuiuscumque status conditionis dignitatis

*professionis artis negotiationis maior tamen annis decem octo existat,
teneatur et debeat infra duos menses a die publicationis horum
statutorum in antea subsequentes in civitate locis modo et forma
consuetis comparere coram domino potestate et duodecim sapientibus presidentibus
negotiis comunis Papie vel officialibus ab eis deputandis specialiter super hoc, exceptis
scolaribus forensibus qui ad infrascriptum non teneantur iuramentum: illi videlicet qui
habitant in civitate; illi vero qui habitant in comitatu, coram potestate
aut alio officiali terrarum et locorum ipsius comitatus vel alio superinde
deputando. Et ibidem promittere abnegare iurare protestari in omnibus et
per omnia prout ex forma specifica inferius continetur. Et alioqui si contumas
fuerit negligens vel remissus, quod intelligatur nisi causa legiptima
absentie vel alia necessaria eum detinnerit ac specialem procuratorem mittere
non potuerit, habeatur pro homine partiali et inimico rei publice comunis Papie
et incurrat penas in infrascriptis statutis contentas ipso facto et ultra
alias penas iuris comunis.
Forma\ autem promissionis talis est videlicet:*

*Ego … de … filiusquondam … habitans et cetera, dico protestor atque confiteor
me non esse Guelfum nec Gibellinum et cultores ipsorum nominum
detestari sed protestor me amare tollere et dilligere pacificum
statum illustris principis et excellentis domini nostri domini Francisci Sfortie
Vicecomitis ducis Mediolani et cetera Papie Anglerieque comitis ac
Cremone domini et rei publice comunis Papie, et nichil habere odio unum
quam alium nisi quantum fieri potest et debet secundum deum inter bonos et
malos, sed omnes pariter qui simile iuramentum et similem protestationem
fecerunt diligere tamquam veros amicos et ad honorem dei et felicis
status prelibati domini nostri et rei publice comunis Papie. Et protestor me esse
et esse velle defenssorem totis viribus scire et posse prefati honoris
dei et status illustris domini domini nostri et rei publice antelate contra quamquam
personam comune colligium vel universitatem que huic unioni et iuramento
ac provisioni se opposuerit, et abnego omnem partialitatem si quam
unquam habui, et remitto omnes iniurias si quas habui et substinui
ranchores et damna et bonorum mobilium tantum quas quos et qua
substinui quorumcumque et quandocumque excepto onere conscientia quod non
remitto – salvo in his que fuerunt in facto astiludii, que omnia intelligantur
fore remissa etiam in his que venirent restituenda propter onus
conscientie – videlicet interesse danna et expensas particulariter et universaliter
occaxio guerrarum et partialitatum hactenus occursarum tantum, volens
habere bonam pacem cum civibus et aliis cum vero cordis amore,
promittens predicta omnia toto tempore vite mee attendere et observare
et nullo unquam tempore causa vel ingenio contrafacere vel venire
de hinc iuramenti forma est ut infra.
Ego idem iura ad sancta dei evangelia manibus corporaliter tactis
scripturis me predictam partialitatem abiurare et sanctam unionem
respectu partialitatis servaturum, nec contra eam appensate vel
dolose quovis modo veteraturum, aut etiam manifeste contravenienti
non consensurum, sed eum et eos revelaturum quantum ex ordine
caritatis potuero cuicumque magistratui super hoc perponendo ut exinde
corrigi et puniri possit et ita me deus adiuvet. Et alias in
preiudicium anime mee et sub pena periurii, quod tamen intelligatur
incurrisse si a contraventione predicta infra mensem non soluero in
fabricam comunis Papie florenum unum auri et non aliter.*

*Item, ut quos periurii et Dei metus a mallo non arcet, presentis saltim pena [+++]
contineat, statuimus ut quicumque post prestitum iuramentum predictum contra
ipsum direccte vel indireccte venisse fuerit comprobatus legiptime coram potestate
Papie et duodecim presidentibus vel maiorem partem ipsorum pro tempore existentibus
ultra periurii penam quam sequi volumus et infamiam nisi contraveniens
infra mensem a contravenientia predicta soluerit in fabricam comunis
Papie convertendum florenum unum auri quo casu et a periuris et ab
infamia innocuus habeatur, si leviter contravenerit facta declaratione
per predictos potestatem et duodecim presidentes vel maiorem partem ex eis
sit et remaneat suspensus per annum ab exercitiis sive artis professionis
vel officii si artem professionem vel officium habuerit, et ab omni preminentia
et honore civitatis et comunium comitatus eiusdem. Si vero artem professionem
vel officium non habuerit, sit prohibitus ab omni commercio facultate et
commodo contrahendi seu distrahendi cum omnibus et singulis civibus et incolis
civitatis et comitatus Papie, ita ut licet contra eum actiones dirigantur
contra alios tamen nullam ex ipsis contractibus et distractibus initis post huiusmodi
contraventionem ipse talis contravenens actionem vel exequutionem habeat et
hoc si fuerit honesta persona ex contractibus autem veteribus agere
non possit durante tempore predicto. Si vero vilis persona fuerit,
citatur a civitate et comitatu per annum nec possit in ipsa
civitate aut comitatu habitare infra ipsum annum aut in eis
praticare sub pena ictuum duorum aculei et ultra citatur. Et
intelligatur leviter contravenisse quando ex ipsa contraventione non fuerit
sub sequutum aliquod scandalum publicum in civitate vel comitatu
Papie. Si vero graviter contravenerit, quod intelligatur si ex ipsa contraventione
sequutum fuerit scandalum publicum ut supra, tunc incurrat et incurrisse
intelligatur penas predictas cum distinctione qua supra in perpetuum et
absque spe ulla restitutionis impetrande. Et ultra predicta, si vilis
persona fuerit, patiatur ictus duos aculei. Pro qua etiam restitutione
obtinenda, si quis in comunis Papie vel in terra comitatus aut in quovis collegio
vel paratico seu artificis aliquid preposuerit vel suplicationem aliquam
legerit, statim tamquam publice pacis violator pro infami habeatur
et perdat locum. [+++] sit qui vellit qui pro predictis intercedat.
Decretantes etiam et volentes quod pene predicte locum habeant
si et dummodo infra mensem a die contraventionis immediate
sequuntur fuerit contra tallem contravenientem inchoatus processus et
non aliter, nec ultra nec alio modo. Volentes etiam quod persona
que graviter contravenerit modo quo supra et vilis persona fuerit
si post modum deprehensa fuerit in civitate seu comitatu
habitare, publice fustigetur et perpetuo bannatur et intelligatur
vilis persona, si declarabitur per dictum potestatem et presidentes ut supra.*

*Item non obstantibus aliquibus statutis aut decretis in contrarium facientibus
nec consuetudinibus hactenus observatis, statuimus et ordinamus
quod per dominos potestatem et duodecim presidentes negotiis comunis Papie
una cum aliquibus adiunctis elligantur et elligi debeant sex graves
et boni viri, qui homines comuni oppinione reputentur Deum timentes
et civium notitiam habentes, et qui fecerint iuramentum abnegationem
et promissionem prout in precedenti statuto continetur. In quibus sex taliter
elligendis sacramentum defferetur de recte et legaliter exequendo que
inferius continentur: qui quidem sex ellecti elligant et elligere
debeant centum quatuordecim cives maiores annis XXV continuam*

residentiam facientes in civitate Papie ex his qui fecerint iuramentum
abnegationem et promissionem de quibus supra et qui sint ex omnibus
facultatibus civitatis iuxta arbitrium et discretionem ipsorum, nullum
habendo respectum ad solitas aut alias quasvis partialitates sed
indeferenter solum ad illos qui comuni extimatione magis recti
magisque apti sint ad gubernanda et bene gerenda negotia que
in comuni Papie occurrent agenda et ulterius magis Deum
timeant, maioremque sue consientie curam habeant. Advertendo
quod in predicto numero centum quatuordecim civium elligendorum
ut supra includantur tot doctores de collegio iudicum civitatis
Papie quorum duo ad minus ex sorte elligendi in quacumque provisione
reponantur. Tamen advertendo quod non habeant nomen
abbatum neque maiorem vocem quam ceteri, et quod ex habitantibus
in eadem familia unus tantum elligatur et si fuerint
fratres separati duo tantum si idonei videbuntur elligi possint
et non ultra, et qui taliter elligendi sint cives de parentella
civitatis vel comitatus Papie et soliti contribuere et qui contribuant
oneribus quibuscumque cum civibus et in civitate cum comuni Papie
vel cum comitatu respondenti tantum et non aliter nec alio modo.
Deindeque ipsorum civium centum quatuordecim taliter ellectorum
et ipsorum sex qui ellegerint ut supra nomina singuli videlicet in singulo
scriptulo describantur ita ut sint in summa nomina centum viginti
civium, et ponantur scriptula omnia cuiuslibet dictarum sortium
de per se iuxta eorum arbitrium, et cum tempus deputatorum
duodecim sapientum negotiis dicti comunis evenerit, habeantur
ex una quaquam sorte prout in infrascripto statuto continentur qui negotiis
dicti comunis pro tempore limitando presideant, et hoc pro annis
duobus proxime futuris.

Item quod finito officio duodecim nunc deputatorum extrahantur ex
predictis sic imbusolatis in presentia domini potestatis vel eius vicarii
et non aliter per puerum virginem casu fortuito prout sors obtulerit,
quatuor ex qualibus sorte ut sic omnes insimul sint numero
duodecim, ita tamen quod ex predictis sortibus saltem duo doctores de
collegio civium ut supra extrahantur. Qui in talli numero duodecim
reperiantur, qui deputentur pro anzianis et seu sapientibus
civitatis provisuris negotiis comunis secundum potestatem quam hactenus
soliti sunt habere nec ulterius se extendant. Et qui bene
advertant ne aliquid contra statuta aut ordines civitatis
agant seu provideant, vel etiam requirant nisi fuerit factum
cum deliberatione adiunctorum et si aliter factum fuerit non
valeat ipso iure. Et quibus duodecim extrahendis iuramentum
defferatur quod bene et diligenter ac fideliter procurabunt et facient
prout melius sciverunt et poterunt quecumque ad honorem et bonum
status prelibati illustrissimi domini nostri et rei publice huius civitatis
sine ullo respectu partialitatis odii amoris timoris vel ranchoris.
Et quorum taliter extrahendorum officium duret duobus mensibus et quodquidam
officium exerceant per se ipsos nec alium loco sui possint substituere
et si contingeret duos fratres per sortem in una deputatione evenire
secunduo frater qui ad sortem extractus fuit de busella reponatur,
alius vero frater extrahatur. Et si contingeret extrahi scriptulum
absentis aut infirmi quod credatur verisimiliter tallem pro ipso tempore provisioni

superesse non posse tale scriptulum reponatur et aliud extrabatur. Et quod si contingerit aliquem extrahi qui iam fuerit mortuus tunc eius scriptulum laceretur et ex numero LXXX^{ta} *de quibus infra fit mentio a casu ut supra unum scriptulum extrabatur et talis habeatur loco premortui antea extracti pro sapiente. In fine vero ipsorum duorum mensium et sic successive singulis duobus mensibus per puerum virginem et ut supra et ex dictis ut supra extrahantur, et ex veteribus prioribus duodecim prout sors acciderit et non aliter duo assumantur qui sint ex mediocribus et minoribus, ita quod in summa duodecim sint. Ex quibus duodecim semper duo doctores reperiantur, et extrahantur qui pro aliis duobus sequentibus mensibus sint presidentes et cum potestate ut supra ac quibus defferatur sacramentum ut supra et sic successive singulis duobus mensibus observetur. Ita tamen quod illi duo ex veteribus semel confirmati non sint doctores et pro aliis duobus sequentibus mensibus nequeant ulterius remanere, sed duo ex aliis decem remaneant et confirmentur prout sors acciderit ut supra. Quamquidem rem ut ipsi duodecim libentius faciant et commodius facere possint, statuimus et ordinamus quod predicti duodecim eorum durante officio nullo modo nullaque ex causa detineantur et pignerentur vel aliter quovismodo molestentur pro debito onere vel ex causa que seu quod ad comune pertineat vel ad cameram prelibati domini nostri, et puniantur non solum penis in statutis Papie contentis, sed arbitrio domini potestatis Papie, quando reperti negligentes aut contumaces fuerint ad conveniendum cum aliis quotiens fuerint vocati. Declarantes etiam et statuentes quod illi qui ab onore consilii aut sapientum sine legiptima causa per dictum potestatem Papie aut eius vicarium approbanda subtraxerint privati sint ab omni honore beneffficio et comodo civitatis nec beneffficio aliquorum statutorum dicte civitatis uti possint sine licentia speciali prelibati illustrissimi domini domini nostri.*

Item quod finito dicto bienio iterato elligantur sex viri ut supra per quos elligantur ut supra alii cives numero centum quatuordecim modo et forma prout in precedentibus statutis fit mentio ita ut simul cum dictis sex numerus centumviginti civium habeatur ut supra. Intra quos primo elligantur ex aliis civibus pro precedenti bienio primo non ellectis si tot sufficientes reperientur, et ipsis defficientibus etiam ex ellectis in precedenti bienio assumantur usque ad numerum completum faciendo in omnibus et per omnia ut in precedentibus statutis disponitur. Ceterum in ellectione generalis consilii ducentorum servetur hic ordo ut per duodecim sapientes in presentia domini potestatis vel eius vicarii de mense decembris cuiuslibet anni elligantur ducenti viri cives de parentella civitatis et comitatus predicti et contribuentes cum civitate ut supra et non aliter, intra quos electi intelligantur et ponantur illi centum viginti qui pro anzianis habendis ellecti fuerint et in qua ellectione nullus habeatur respectus ad partialitates sed solum quantum virtus et recta conscientia ac in agendis pro re publica eorum prudentia convaluerit. Qui quidem ducenti viri convocentur pro consilio generali quando opus fuerit secundum formam statutorum Papie.

Item quod si contingerit pro agendis in re publica adiunctos aliquos habere velle quod pro adiunctis intelligantur et habeantur omnes illi qui imbusolati reperrentur et ellecti pro deputandis anzianis ut in precedentibus statutis fit mentio, nec alia fieri possit ellectio adiunctorum. Et quando opus erit ipsos adiunctos habere eorum convocatio fiat per sonum campane disimile a convocatione duodecim anzianorum ita ut ex sono campane tantum modo intelligatur adiunctos vocari ad se conveniendum cum dictis anzianis in solito loco pro negotiis dicti comunis peragendis, et alias non valeant gesta per alios aliter adiunctos nisi forte esset consilium ducentorum de quo supra. Et expediat quod ad sonum predicte campane conveniant saltem due partes ipsorum centum viginti computatis tamen illis de provisione pro tempore.

Item quod facta ellectione seu deputatione tam consiliariorum quam sapientum modis quibus supra ut omnis fienda deliberatio mature procedat nulla fiat in consilio generali et etiam in consilio adiunctorum quando invocabitur de re aliqua propositio nisi prius fuerit prepositum et obtentum ac deliberatum in consilio duodecim sapientum prout in statutis comunis Papie continetur, et nisi in eo presentes reperiantur ad minus ex ipsis quatuor partibus tres partes et ipsis partibus tribus existentibus concludi et deliberari aliquid non possit nisi illud per duas partes presentium fuerit obtentum et deliberatum facto partito ac exinde obtinendo ad busolas et balotas et si aliter factum fuerit non valeat nec teneat ipso iure. Et facto et illud idem servetur et locum habeat in deliberationibus inter anzianos et seu sapientes civitatis concludendis quibus tam tractandis et deliberandis non intersint aliqui habentes interesse in rebus ibidem pro tempore proponendis similiter, et qui contribuunt solum in comitatu corespondenti excludantur ubi agatur de controversia inter civitatem et comitatum respondentem [++] [+++] sed pro tunc. Abinde excludantur similiter nec intersint cancellarii nisi quantum voluntas fuerit ipsorum anzianorum.

Item quod omnia officia aut ellectiones que solent per comunitatem Papie aut aliam quamvis comunitatem eiusdem aut etiam collegium vel paraticum seu artificium sibi dari et concedi, nullo modo fiant conferantur aut dentur sub nomine aut coniuratione partialitatis, sed solum quantum virtus elligendorum requiret indiferenter dentur concedantur et fiant iuxta eorum statuta consuetudines aut proprias renovabiles tantum ipsorum voluntates.

Item ad evitandum fraudes que committi possent in scriptulis includendis in bussolis pro ellectione sapientum ut supra fienda, statuimus et ordinamus quod fiant bussole coperte et in quibus includantur scriptula cum nominibus personarum extrahendarum pro duodecim sapientibus ut supra videlicet quecumque sors de per se et in aliis bussolis reponantur scriptula extractorum et super singula ipsarum bussolarum tres clavature cum tribus clavibus apponantur, ex quibus clavibus singularum ipsarum bussolarum una remaneat penes dominum potestatem, alia penes alterum ex sindicis, et alia penes alterum ex canzellariis dicti comunis.

Item quia ex bonis principis in mallos plerumque exitus devenitur, statuimus et ordinamus ut illi qui sub pretextu familiaritatis vetegalis vel officii cuiuslibet voluerint arma vetita portare non evitent penas a statutis et decretis portantibus arma in casu non permisso inflictas, nisi quantum ad ipsorum armorum portationem eorum persona fuerit approbata et licentiam habuerint a domino potestate Papie simul et a duodecim presidentibus negotiis dicti comunis vel maiori parte eorum. Et ipsa licentia manu propria ipsius domini potestatis et maioris partis dictorum deputatorum fuerit subscripta et si aliter ipsa arma portaverint dupliciter in eos pena quemadmodum si ipsis armis fuissent abusi.

Item statuimus et ordinamus quod nulli persone civitatis aut comitatus Papie et seu ibidem habitanti liceat et licitum sit in caligis sive aliter in dorso defferre seu portare aliquam divisiam datam et seu dandam vel que dependentiam habeat ab aliqua persona cive Papie et seu etiam comitatensi cuiusvis dignitatis status gradus vel conditionis extiterit, nisi fuerit filius aut sanguine coniunctus aut in eadem familia habitans eius cuius ipsa talis divisia fore nominabitur et nisi etiam fuerit famulus habitans in eadem domo civitatis aut comitatus pro maiore parte temporis, aut ad unum panem et unum vinum cum ipsa talli persona. Et quicumque contravenerit cadat in penam florinorum decem pro qualibus vice camere illustrissimi domini domini nostri applicandorum et ubi ad ipsius pene solutionem habilis non foret dentur sibi ictus duo aculei.

Item quod expensis comunis Papie fieri debeat liber unus in quo per cancellarios comunis Papie predicti describantur nomina et cognomina quorumcumque qui in hac sancta unione et reformatione fuerint et abnegationem ac iuramentum et promissionem de quibus fit mentio in precedentibus statutis fecerint et prestiterint et hoc scribere teneantur ipsi cancellarii absque aliquo premio. Similiter et alius liber fiat in quacumque terra et seu quocumque loco dicti comitatus in quo seu qua adest potestas vel vicarius, et ubi officialis non existat accedant habitantes in ipso loco ad alia loca propinquiora ubi magistratus aliquis affuerit et per notarium seu notarios comitatum ipsorum locorum omnes describantur ut supra. Et quod quicumque qui neglexerit aut recusaverit describi in libro ipso et non prestiterit iuramentum ac fecerit abnegationem et promissionem prout in precedentibus statutis fit mentio ultra alias penas de quibus supra perpetuo sit privatus honoribus et comodis civitatis et comunis Papie ac comunium dicti comitatus singula singulis refferendo et omni officio et benefficio ipsarum comitatum ac in iudicio non audiatur agendo etiam per procuratorem et ulterius non valeat processus ipso iure si audiatur.

Item statuimus quod in funeralibus nullus civis Papie debeat de cetero sub pena ducatorum quinquaginta applicandorum camere ducali facere portari ad ecclesiam vel per civitatem banderias vexilla nec scutos nec possint facere vestiri ultra duodecim de proximioribus ipsi defuncto nec possit facere defferri per civitatem in associatione cadaveris ultra dopierios quatuor ad plus.

Item quia ut experientia docet quod plerumque res publica negligitur et malle gubernatur aliquando ex imperitia et quandoque ex negligentia cancellariorum et rationatorum comunis Papie, cupientes igitur erroribus huiusmodi providere statuimus et ordinamus quod quandocumque compartum fuerit et videbitur duodecim presidentibus comunis Papie cancellarios et rationatores vel aliquem ex eis non idoneum et seu non idoneos aut negligentem seu negligentes ad ea que eorum officiis pertinent et iuncombunt possint et valeant ipsi duodecim presidentes una cum civibus adiunctis numero et modo de quibus super ipsos cancellarios et rationatores non idoneos et seu negligentes ut supra ab eorum officiis removere et privare et demum supplicitur prelibato illustri domino domino nostro ut alios idoneos et sufficientes deputare dignetur.

BIBLIOGRAFIA

ALBINI Giuliana, *Carità e governo delle povertà (secoli XII-XV)*, Milano, Unicopli, 2002.

ALBINI Giuliana, *Città e ospedali nella Lombardia medievale*, Bologna, CLUEB, 1993.

ALBINI Giuliana, *L'ospedale Rodolfo Tanzi di Parma (1304-1414)*, in *L'ospedale Rodolfo Tanzi di Parma* (v.), pp. 29-78.

ANDREOZZI Daniele, *Il periodo sforzesco (1448-1499)*, in *Storia di Piacenza*, vol. III (v.), pp. 133-166.

ANDREOZZI Daniele, *La crisi del Ducato di Milano e i suoi riflessi nel Piacentino fino all'ascesa di Filippo Maria Visconti*, in *Storia di Piacenza*, vol. III (v.), pp. 91-108.

ANDREOZZI Daniele, *Piacenza sotto il dominio di Filippo Maria Visconti*, in *Storia di Piacenza*, vol. III (v.), pp. 109-124.

Antiqua Ducum Mediolani decreta, Mediolani, Fratres Malatestas regiocamerales typographos, 1654.

ARCANGELI Letizia, *Aggregazioni fazionarie e identità cittadine nello stato di Milano (fine XV-inizio XVI secolo)*, in L. ARCANGELI, *Gentiluomini di Lombardia* (v.), pp. 365-419.

ARCANGELI Letizia, *Gentiluomini di Lombardia. Ricerche sull'aristocrazia padana nel Rinascimento*, Milano, Unicopli, 2003.

ARCANGELI Letizia, *Tra Milano e Roma: esperienze politiche nella Parma del primo Cinquecento*, in *Emilia e Marche nel Rinascimento: l'identità visiva della periferia*, a cura di G. Periti, Azzano San Paolo, Bolis, 2005, pp. 89-118.

ASCHERI Mario, *La città – stato*, Bologna, Il Mulino, 2006.

BELLONI Cristina, *La politica ecclesiastica di Filippo Maria Visconti e il concilio di Basilea*, in *Il ducato di Filippo Maria Visconti, 1412-1447* (v.), pp. 319-364.

BELLOSTA Roberto, *Le "squadre" in Consiglio: assemblee cittadine ed élite di governo urbana a Piacenza nella seconda metà del Quattrocento tra divisioni di parte e ingerenze ducali*, «Nuova Rivista Storica», 87, 2003, pp. 1-54.

Bernardino predicatore nella società del suo tempo. Atti del convegno, Todi: 9-12 ottobre 1975, Todi, Accademia Tudertina, 1976.

BERTAGNA Martino, *Frater Silvester Senensis O.F.M. concionator saeculi XV*, «Archivum franciscanum historicum», 45, 1952, pp. 152-170.

BERTONI Laura, *Pavia alla fine del Duecento. Una società urbana fra crescita e crisi*, Bologna, CLUEB, 2013.

BOUCHERON Patrick, *Le pouvoir de bâtir. Urbanisme et politique éditilaire à Milan, XIV-XV siècles*, Rome, École française de Rome, 1998.

BRUNI Francesco, *La città divisa. Le parti e il bene comune da Dante a Guicciardini*, Bologna, Il mulino, 2003.

CANOBBIO Elisabetta, Christianissimus princeps: *note sulla politica ecclesiastica di Filippo Maria Visconti*, in *Il ducato di Filippo Maria Visconti, 1412-1447* (v.), pp. 285-318.

CANOBBIO Elisabetta, *Dalla città al villaggio: aspetti dell'insediamento dei Minori osservanti nella diocesi di Como (secolo XV – inizio secolo XVI)*, in Fratres de familia. *Gli insediamenti dell'Osservanza minoritica nella penisola italiana (sec. XIV-XV)*, a cura di L. Pellegrini e G. M. Varanini, Caselle di Sommacampagna, Cierre edizioni, 2011 (Quaderni di Storia religiosa, 18), pp. 75-100.

CASTIGNOLI Piero, *Dal governo di Azzone all'ascesa al potere di Gian Galeazzo (1336-1385)*, in Storia di Piacenza, vol. III (v.), pp. 41-68.

CASTIGNOLI Piero, *Gian Galeazzo Duca di Milano e il suo progetto di unificazione italiana*, in Storia di Piacenza, vol. III (v.), pp. 69-90.

CATTANEO Carlo, *La città considerata come principio ideale delle istorie italiane*, a cura di G. A. Belloni, Firenze, Vallecchi, 1931.

CENGARLE Federica, *Immagine di potere e prassi di governo. La politica feudale di Filippo Maria Visconti*, Roma, Viella, 2006.

CENGARLE Federica, *La signoria di Azzone Visconti tra prassi, retorica e iconografia (1329-1339)* in *Tecniche di potere nel tardo medioevo. Regimi comunali e signorie in Italia*, a cura di M. Vallerani, Roma, Viella, 2010, pp. 89-116.

CENGARLE Federica, *Le arenghe dei decreti viscontei (1330 ca. – 1447)* in Linguaggi politici (v.), pp. 55-87.

CENGARLE Federica, *Signorie, feudi e "piccoli Stati"*, in Lo Stato del Rinascimento in Italia (v.), pp. 261-276.

CHITTOLINI Giorgio, *Città, comunità e feudi negli stati dell'Italia centro-settentrionale. Secoli XIV-XVI*, Milano, Unicopli, 1996.

CHITTOLINI Giorgio, *Il luogo di Mercato, il comune di Parma e i marchesi Pallavicini di Pellegrino*, «Nuova Rivista Storica», 57, 1973, ora in Id., *La formazione dello Stato regionale* (v.), pp. 95-148.

CHITTOLINI Giorgio, *Il particolarismo signorile e feudale in Emilia fra Quattro e Cinquecento*, in AA. VV., *Il Rinascimento nelle corti padane. Società e cultura*, Bari, De Donato, 1977, ora in Id., *La formazione dello Stato regionale* (v.), pp. 199-224.

CHITTOLINI Giorgio, *Infeudazioni e politica feudale nel ducato visconteo – sforzesco*, in «Quaderni Storici», n. 19, 1972, ora in Id., *La formazione dello Stato regionale* (v.), pp. 51-94.

CHITTOLINI Giorgio, *La crisi delle libertà comunali e le origini dello Stato territoriale*, «Rivista Storica Italiana», 82, 1970, ora in Id., *La formazione dello Stato regionale* (v.), pp. 27-50.

CHITTOLINI Giorgio, *La formazione dello Stato regionale e le istituzioni del contado. Secoli XIV e XV*, Milano, Unicopli, 2005.

CHITTOLINI Giorgio, *La «signoria» degli Anguissola su Riva, Grazzano e Montesanto fra Tre e Quattrocento*, in «Nuova Rivista Storica», 58, 1974, ora in Id., *La formazione dello Stato regionale* (v.), pp. 149-198.

COGNASSO Francesco, *Istituzioni comunali e signorili di Milano sotto i Visconti*, in *Storia di Milano*, vol. VI (v.), pp. 449-554.

COGNASSO Francesco, *L'unificazione della Lombardia sotto Milano*, in *Storia di Milano*, vol. V (v.), pp. 1-567.

COGNASSO Francesco, *Note e documenti sulla formazione dello Stato Visconteo*, «Bollettino della Società pavese di storia patria», 23, 1923, pp. 23-169.

COGNASSO Francesco, *Ricerche per la storia dello stato visconteo*, «Bollettino della Società pavese di storia patria», 22, 1922, pp. 121-184.

COVINI Maria Nadia, *La «balanza drita»: pratiche di governo, leggi e ordinamenti nel ducato sforzesco*, Milano, Franco Angeli, 2007.

COVINI Maria Nadia, *Le difficoltà politiche e finanziarie degli ultimi anni del dominio*, in *Il ducato di Filippo Maria Visconti, 1412-1447* (v.), pp. 71-106.

COVINI Maria Nadia, *Pavia dai Beccaria ai Visconti – Sforza. Metamorfosi di una città*, in *Le subordinazioni delle città comunali a poteri maggiori in Italia dagli inizi del secolo XIV all'ancien régime. Risultati scientifici della ricerca*, a cura di M. Davide, Trieste, CERM, 2014, pp. 45-67.

COVINI Maria Nadia, *Seicento anni dall'inizio del ducato di Filippo Maria Visconti (1412). Studi e ricerche recenti*, «Archivio Storico Lombardo», 138, 2012, pp. 211-236.

DE LUCA Marzia, *Tra Quattro e Cinquecento. Il governo della città di Lodi dagli Sforza alle dominazioni straniere*, in *Lodi, Estado de Milan. L'amministrazione della città di Lodi 1494-1706*, a cura di M. Schianchi, Azzano San Paolo, Bolis, 2010, pp. 13-101.

DECEMBRIO Pier Candido, *Vita Philippi Mariae tertii ligurum ducis*, a cura di F. Fossati *et al.*, in *Rerum italicarum scriptores*, 2 ed., XX, 1, Bologna, 1925-1958.

DEL TREDICI Federico, *Il partito dello stato. Crisi e ricostruzione del ducato visconteo nelle vicende di Milano e del suo contado (1402-1417)*, in *Il ducato di Filippo Maria Visconti, 1412-1447* (v.), pp. 27-70.

DEL TREDICI Federico, *Il quadro politico e istituzionale dello Stato visconteo – sforzesco (XIV-XV secolo)*, in *Lo Stato del Rinascimento in Italia* (v.), pp. 149-166.

DELCORNO Carlo, *L'Osservanza francescana e il rinnovamento della predicazione*, in *I frati osservanti e la società in Italia nel secolo XV* (v.), pp. 3-53.

DELLA MISERICORDIA Massimo, *Dividersi per governarsi: fazioni, famiglie aristocratiche e comuni in età viscontea (1335-1447)*, «Società e storia» 86, 1999, pp. 715-766.

DELLA MISERICORDIA Massimo, *La «coda» dei gentiluomini. Fazioni, mediazione politica, clientelismo nello stato territoriale: il caso della montagna lombarda durante il dominio sforzesco (XV secolo)*, in *Guelfi e ghibellini nell'Italia del Rinascimento* (v.), pp. 275-390.

DELLA MISERICORDIA Massimo, *La disciplina contrattata. Vescovi e vassalli tra Como e le Alpi nel tardo Medioevo*, Milano, Unicopli, 2000.

DELLA MISERICORDIA Massimo, *La Lombardia composita. Pluralismo politico-istituzionale e gruppi sociali nei secoli X-XVI (a proposito di una pubblicazione recente)*, «Archivio Storico Lombardo», serie XII, 5, 1998-99, pp. 601-647.

DESSÌ Rosa Maria, *I nomi dei guelfi e dei ghibellini da Carlo I d'Angiò a Petrarca*, in *Guelfi e ghibellini nell'Italia del Rinascimento* (v.), pp. 3-66.

DONATI Claudio, *Tra urgenza politica e memoria storica: la ricomparsa dei ghibellini (e dei guelfi) nell'Italia del primo Settecento*, in *Guelfi e ghibellini nell'Italia del Rinascimento* (v.), pp. 109-125.

ELM Kaspar, *Riforme e osservanze nel XIV e XV secolo. Una sinossi*, in *Ordini religiosi e società politica in Italia e Germania nei secoli XIV e XV* (v.), pp. 489-504.

FAGNANI Flavio, *Guelfi e ghibellini di Pavia in una relazione ufficiale del 1399*, «Bollettino della Società Pavese di Storia Patria», 64, 1964, pp. 40-44.

FASOLI Sara, *Perseveranti nella regolare osservanza. I Predicatori osservanti nel ducato di Milano (secoli. XV-XVI)*, Milano, Biblioteca Francescana, 2011.

GAMBERINI Andrea, Aequalitas, fidelitas, amicitia. *Dibattiti sulla fiscalità nel dominio visconteo*, in *The languages of Political society. Western Europe, XIV-XVII centuries*, a cura di A. Gamberini, J. P. Genet, A. Zorzi, Roma, Viella, 2011, pp. 429-460.

GAMBERINI Andrea, *Cremona nel Quattrocento. La vicenda politica e istituzionale*, in *Storia di Cremona*, vol. IV – *Il Quattrocento: Cremona nel Ducato di Milano (1395-1535)*, a cura di G. Chittolini, Azzano San Paolo, Bolis, 2008, pp. 2-39.

GAMBERINI Andrea, *Il contado di fronte alla città*, in *Storia di Parma*, vol. III (v.), pp. 169-211.

GAMBERINI Andrea, *La città assediata. Poteri e identità politiche a Reggio in età visconteo*, Roma, Viella, 2003.

GAMBERINI Andrea, *Lo stato visconteo. Linguaggi politici e dinamiche costituzionali*, Milano, Franco Angeli, 2005

GAMBERINI Andrea, *Oltre le città. Assetti territoriali e culture aristocratiche nella Lombardia del tardo Medioevo*, Roma, Viella, 2009.

GENTILE Marco, *Alla periferia di uno Stato. Il Quattrocento*, in *Storia di Parma*, vol. III (v.)., pp. 213-259

GENTILE Marco, *Aristocrazia signorile e costituzione del ducato visconteo-sforzesco: appunti e problemi di ricerca*, in GENTILE M., SAVY P., *Noblesse et états princiers en Italie et en France au XVe siècle*, Roma, École Française de Rome, 2009, pp. 125-155.

GENTILE Marco, *Casato e fazione nella Lombardia del Quattrocento: il caso di Parma*, in *Famiglie e poteri in Italia tra Medioevo ed età moderna*, a cura di A. Bellavitis e I. Chabot, Roma, École française de Rome, 2009, pp. 151-187.

GENTILE Marco, *«Cum li amici et seguaci mei, qualli deo gratia non sono puochi». Un aspetto della costituzione dei piccoli stati signorili nel Parmense (XV secolo)* in *Uno storico e un territorio: Vito Fumagalli e l'Emilia occidentale nel Medioevo*, a cura di R. Greci e D. Romagnoli, Bologna, Clueb, 2005, pp. 125-144.

GENTILE Marco, *Dal Comune cittadino allo Stato regionale: la vicenda politica (1311-1402)* in *Storia di Cremona*, vol. III – *Il Trecento: chiesa e cultura (VIII-XIV secolo)*, a cura di G. Andenna e G. Chittolini, Azzano San Paolo, Bolis, 2007, pp. 260-301.

GENTILE Marco, *Discorsi sulle fazioni, discorsi delle fazioni. «Parole e demonstratione partiale» nella Lombardia del secondo Quattrocento*, in *Linguaggi politici* (v.), pp. 381-408.

GENTILE Marco, *Fazioni al governo: politica e società a Parma nel Quattrocento*, Roma, Viella, 2009.

GENTILE Marco, *Fazioni e partiti: problemi e prospettive di ricerca*, in *Lo Stato del Rinascimento in Italia* (v.), pp. 277-292.

GENTILE Marco, *Guelfi, ghibellini, Rinascimento. Nota introduttiva*, in *Guelfi e ghibellini nell'Italia del Rinascimento*, (v.), pp. VII –XXI.

GENTILE Marco, *La Lombardia complessa. Note sulla ricomposizione del ducato di Milano da parte di Filippo Maria Visconti (1412-1421)*, in *Il ducato di Filippo Maria Visconti, 1412-1447* (v.), pp. 5-26.

GENTILE Marco, *Leviatano regionale o forma-stato composita? Sugli usi possibili di idee vecchie e nuove*, «Società e storia», 23, 2000, pp. 561-573.

GENTILE Marco, *«Postquam malignitates temporum hec nobis dedere nomina...». Fazioni, idiomi politici e pratiche di governo nella tarda età viscontea*, in *Guelfi e ghibellini nell'Italia del Rinascimento* (v.), pp. 249-274.

GENTILE Marco, *Terra e poteri. Parma e il Parmense nel ducato visconteo all'inizio del Quattrocento*, Milano, Unicopli, 2001.

GRILLO Paolo, *Il territorio conteso. Conflitti per il controllo del contado di Bergamo alla fine del Trecento*, in *Controllare il territorio. Norme, corpi e conflitti tra medioevo e prima guerra mondiale. Convegno internazionale di studi, Convento dell'Annunciata di Abbiategrasso - Università degli Studi di Milano, 15-17 settembre 2010*, a cura di L. Antonielli e S. Levati, Soveria Mannelli, Rubbettino, 2013, pp. 237-252.

Guelfi e ghibellini nell'Italia del Rinascimento, a cura di M. Gentile, Viella, Roma, 2005.

HEERS Jacques, *Partiti e vita politica nell'Occidente medievale*, Milano, A. Mondadori, 1983.

I frati osservanti e la società in Italia nel secolo XV. Atti del XL Convegno internazionale in occasione del 550° anniversario della fondazione del Monte di Pietà di Perugia, Assisi-Perugia, 11-13 ottobre 2012, Spoleto, Fondazione Centro italiano di studi sull'Alto Medioevo, 2013.

Il ducato di Filippo Maria Visconti, 1412-1447. Economia, politica, cultura, a cura di F. Cengarle e M. N. Covini, Firenze, Firenze University Press, 2015.

ISAACS Ann K., *Sui rapporti interstatali in Italia dal Medioevo all'età moderna*, in *Origini dello Stato* (v.), pp.113-132.

L'ospedale Rodolfo Tanzi di Parma in età medievale, a cura di R. Greci, Bologna, Clueb, 2004.

La crisi degli ordinamenti comunali e le origini dello Stato del Rinascimento, a cura di G. Chittolini, Bologna, Il Mulino, 1979.

La pace del 1445 fra i guelfi e i ghibellini luganesi, «Bollettino storico della Svizzera italiana», 26, 1951, pp. 54.

LAZZARINI Isabella, *L'Italia degli stati territoriali. Secoli XIII-XV*, Roma, Laterza, 2003.

Le forme della propaganda politica nel Due e nel Trecento. Relazioni tenute al Convegno internazionale organizzato dal Comitato di studi storici di Trieste, dall'École française de Rome e dal Dipartimento di storia dell'Università degli studi di Trieste (Trieste, 2-5 marzo 1993), a cura di P. Cammarosano, Rome, École française de Rome, 1994.

Linguaggi politici nell'Italia del Rinascimento. Atti del convegno, Pisa, 9-11 novembre 2006, a cura di A. Gamberini e G. Petralia, Roma, Viella, 2007.

Lo Stato del Rinascimento in Italia, 1350 – 1520, a cura di A. Gamberini e I. Lazzarini, Roma, Viella, 2014.

MAGENTA Carlo, *I Visconti e gli Sforza nel castello di Pavia e loro attinenze con la Certosa e la storia cittadina*, vol. II, Milano, Ulrico Hoepli editore, 1883.

MAINONI Patrizia, *Le radici della discordia: ricerche sulla fiscalità a Bergamo tra XIII e XV secolo*, Milano, UNICOPLI, 1997.

MAJOCCHI Piero, *Pavia città regia. Storia e memoria di una capitale altomedievale*, Roma, Viella, 2008.

MALLETT Michael, *Signori e mercenari. La guerra nell'Italia del Rinascimento*, Bologna, Il mulino, 2006.

MICCOLI Giovanni, *Bernardino predicatore: problemi e ipotesi per un'interpretazione complessiva*, in *Bernardino predicatore nella società del suo tempo* (v.), pp. 9-37.

MOTTA Emilio, *Il Consiglio comunale luganese negli anni 1440-1443*, «Bollettino storico della Svizzera italiana», 2, 1880, pp. 177-181; 229-233; 259-262)

Ordini religiosi e società politica in Italia e Germania nei secoli XIV e XV, a cura di G. Chittolini e K. Elm, Bologna, Il mulino, 2001.

Origini dello Stato. Processi di formazione statale in Italia fra Medioevo ed età moderna, a cura di G. Chittolini, A. Molho, P. Schiera, Bologna, Il Mulino, 1994.

OSIO Luigi, *Documenti diplomatici tratti dagli archivi milanesi*, vol. III, parte I, Milano, Tip. G. Bernardoni di Giovanni, 1872.

PAGNONI Fabrizio, *Brescia viscontea (1337-1403). Organizzazione territoriale, identità cittadina e politiche di governo negli anni della prima dominazione milanese*, Milano, Unicopli, 2013.

PELLEGRI Marco, *Un feudatario sotto l'insegna del leone rampante. Pier Maria Rossi (1413-1482)*, Parma, Silva,1996.

PELLEGRINI Letizia, *Tra la piazza e il Palazzo. Predicazione e pratiche di governo nell'Italia del Quattrocento*, in *I frati osservanti e la società in Italia nel secolo XV* (v.), pp. 109-133.

POGGIALI Cristoforo, *Memorie storiche di Piacenza*, VII, Piacenza, 1760 (ed. anast. Piacenza, Tip. Le. Co., 1976).

QUAGLIONI Diego, *Politica e diritto nel Trecento italiano. Il "De Tyranno" di Bartolo da Sassoferrato (1314-1357)*, Firenze, Olschki, 1983.

RAO Riccardo, *Signori di popolo. Signoria cittadina e società comunale nell'Italia Nord-occidentale 1275-1350*, Milano, Franco Angeli, 2012.

Relazione del ducato di Milano del segretario Gianiacopo Caroldo, 1520, in *Relazioni degli Ambasciatori veneti al Senato*, a cura di A. Segarizzi, vol. II, Bari, Laterza, 1913, pp. 3-29.

RICCI Adelaide, *La realizzazione della riforma e la sorte degli ospedali minori*, in *L'ospedale Rodolfo Tanzi di Parma* (v.), pp. 79-133.

RIPALTA Alberto e Andrea, *Annales placentini ab anno MCCCI usque ad MCCCCLXIIII*, in *Rerum italicarum scriptores*, XX, Mediolani, 1731.

ROVEDA Enrico, *Le istituzioni e la società in età visconteo – sforzesca*, in *Storia di Pavia*, vol. III (v.), pp. 55-115.

ROVELLI Giuseppe, *Storia di Como*, voll. II e III, I, Como, Ostinelli, 1802, (ed. anast., Como, Libreria Meroni, 1992).

SATO Hitomi, *Fazioni e microfazioni: guelfi e ghibellini nella montagna bergamasca del Trecento*, in *Bergamo e la montagna nel Medioevo. Il territorio orobico fra città e poteri locali*, a cura di R. Rao, «Bergomum. Bollettino annuale della Civica Biblioteca Angelo Mai di Bergamo», CIV-CV, 2009-2010, pp. 149-170.

SOLDI RONDININI Gigliola, *Il Tractatus De Principibus di Martino Garati da Lodi*, Milano – Varese, Istituto editoriale cisalpino, 1968.

SOLDI RONDININI Gigliola, *Saggi di storia e storiografia visconteo-sforzesche*, Bologna, Cappelli, 1984.

SOMAINI Francesco, *Il binomio imperfetto: alcune osservazioni su guelfi e ghibellini a Milano in età visconteo – sforzesca*, in *Guelfi e ghibellini nell'Italia del Rinascimento* (v.), pp. 131-207.

SOMAINI Francesco, *Processi costitutivi, dinamiche politiche e strutture istituzionali dello Stato visconteo-sforzesco*, in *Storia d'Italia*, vol. VI (v.), pp. 681-786.

Storia d'Italia, vol. VI - *Comuni e signorie nell'Italia settentrionale: la Lombardia*, a cura di G. Galasso, Torino, UTET, 1998.

Storia della Lombardia, vol. 1 – *Dalle origini al Seicento*, a cura di L. Antonielli e G. Chittolini, Roma, Laterza, 2003.

Storia di Milano, vol. V – *La Signoria dei Visconti 1310-1392*, Milano, G. Treccani degli Alfieri, 1955.

Storia di Milano, vol. VI – *Il Ducato e la repubblica ambrosiana 1392-1450*, Milano, G. Treccani degli Alfieri, 1955.

Storia di Parma, vol. III – *Parma medievale. Poteri e istituzioni*, a cura di R. Greci, Parma, Monte Università Parma, 2010.

Storia di Pavia, vol. III – *Dal libero comune alla fine del principato indipendente (1024-1535)*, t. I - *Società, istituzioni, religione nelle età del Comune e della Signoria*, a cura di Società Pavese di Storia Patria, Milano, Banca del Monte di Lombardia, 1992.

Storia di Piacenza, vol. III - *Dalla signoria viscontea al principato farnesiano (1313-1545)*, Piacenza, Tip. Le. Co Editore, 1997.

TABACCO Giovanni, *Egemonie sociali e strutture del potere nel Medioevo italiano*, Torino, Einaudi, 2000.

VARANINI Gian Maria, *Aristocrazie e poteri nell'Italia centro-settentrionale dalla crisi comunale alle guerre d'Italia*, in *Le aristocrazie dai signori rurali al patriziato*, a cura di R. Bordone, Roma, Laterza, 2004, pp. 121-243.

VERGA Ettore, *Un caso di coscienza di Filippo Maria Visconti duca di Milano, 1446*, «Archivio Storico Lombardo», 45, 1918, pp. 427-487.

WELCH Evelyn S., *Art and authority in Renaissance Milan*, New Haven, Yale University Press, 1995.

ZAMBARBIERI Annibale, *La vita religiosa. Città e religione*, in *Storia di Pavia*, vol. III (v.), pp. 263-354.

▲ La cattura di Bernabò Visconti rappresentata dall'artista Ludovico Pogliaghi; l'opera è attualmente conservata presso il Museo civico Carlo Verri di Biassono

www.ingramcontent.com/pod-product-compliance
Lightning Source LLC
LaVergne TN
LVHW070445070526
838199LV00037B/698